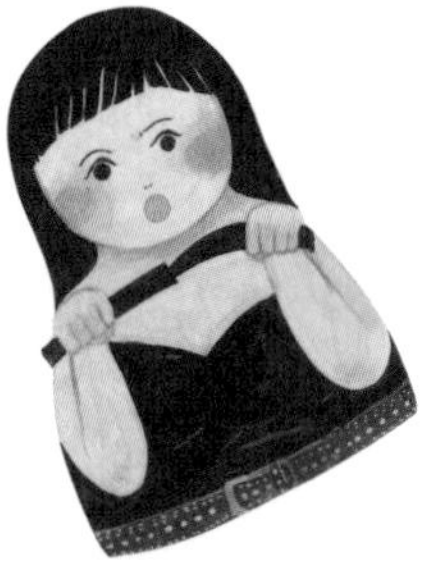

ポンコツ一家

にしおかすみこ

Sumiko Nishioka

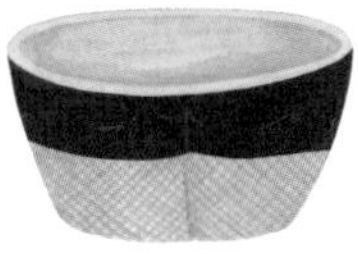

講談社

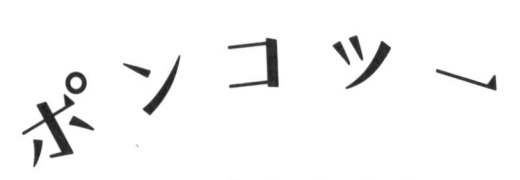

ポンコツ一家

装丁　鈴木久美
装画・挿画　西淑

目次

1 実家が砂場になっていた 7

2 記憶力テスト 20

3 背比べ 31

4 ヘドロとドロボー 34

5 疑惑 46

6 大晦日の大事件 57
7 一月にクリスマス 68
8 地域包括支援センターと冷凍マグロ 78
9 「大事な話」 92
10 姉のバタフライ 106
11 ホタルイカ 120
12 ママ速報 125
13 私の大事な話 141

14 花火とぎゃくたい 144
15 干支 156
16 ワクチンで発熱 159
17 青い花 172
18 ソワソワ 174
あとがき 187

当然のことながら、病気や職業や配偶者の有無でポンコツと呼ぶということは一切ありません。

どんな状況にあっても、一生懸命生きている誰もが、ポンコツではありません。

ただ、にしおかさんにとっては家族全員がポンコツなのだといいます。

ではどういう意味でポンコツなのか――。

にしおかさん自らの筆で綴っていただいているのが本書です。

1　実家が砂場になっていた

家族紹介。

うちは、

母、八十歳、認知症。

姉、四十七歳、ダウン症。

父、八十一歳、酔っ払い。

ついでに私は元ＳＭ女王様キャラの一発屋の女芸人。四十五歳。独身、行き遅れ。

全員ポンコツである。

ただ、皆が皆ずっとこうだった訳ではない。

何十年かぶりに、私は千葉の実家に戻った。

まずはその理由を、いや長めの愚痴にお付き合い頂けたら、とても嬉しい。

二〇二〇年六月某日。

コロナがやって来て、ロックダウンという言葉を初めて耳にした頃。仕事がゼロになり、マンションの家賃十八万が払えなくなった。もともと収入と全く見合っていなかった。貯金も底をつく。引っ越しだ。

街の「不要不急の外出はお控え下さい」というアナウンスが身体《からだ》にチクチク刺さりながら、そう言われましても……と、コソコソ物件を探してまわった。

なんとか見つけた。家賃十万円、二十五平米。最寄り駅・西新宿五丁目。一人暮らしだ。じゅうぶんな広さだろう。仕事なし貯金なし彼氏なし、その上部屋なしになったらきつい。底なしの落ちぶれ者だ。部屋の日当たりは良い。陽に心が救われることもある。ここに決めた。後は書類に判子を押すだけだ。

少しホッとしたのもあり、ふと実家が気になった。

父は耳も遠く、母は糖尿病も患っている。姉は老化が早い。誰だって歳をとる。コロナ禍でどうしているかな。一年ぶりに様子を見に行くことにした。

心配も嘘ではないが、引っ越しの荷造りも済ませたので、段ボールから皿やカップを出したくない、実家でご飯を食べよう、という本音もあった。

だから実家に戻って住もうなどと、その時は夢にも思っていなかった。


「ただいま」

月曜日の十一時過ぎだったか。玄関で靴を脱ぎながら、久しぶりの実家臭がゆらゆらとまとわりつくのを感じる。……うちってこんなに臭かったっけ？　この濁った空気の出迎えのみ。返事はない。……聞こえないのかな。

居間を覗く。昼間なのにカーテンが閉め切られて薄暗い。

以前から雑然としたウチではあったが……雑然？　違う、そんなもんじゃない。

徐々に目が慣れてくる。

ローテーブルの上に、割り箸が突っ込まれたままのカップ麺や缶詰、茶色いお惣菜がこびりついたプラスチック容器、半分セメント色したミカン、黒炭のようなバナナの皮等々の食べ残し、残骸が溢れている。ちょっとしたゴミ屋敷だ。

そんな中に埋もれるように母が、いた。

小さな座椅子にポツンと座っていた。

粗大ゴミか……心で呟いてみるものの、何やら目頭が熱くなる。

「ただいま」もう一度言ってみる。

横を向いていた母の首がゆっくりまわった。錆びついてでもいるのだろうか、ギィギィギシギシと音がしそうだ。こちらを正面にピタリと止まる。くすんだ肌に、表情があるようでないような顔がくっついている。剝げたブリキのおもちゃのような……目の焦点は、あっている。見つめあったまま一秒、二秒……三
「ヒィィィ！」と母が驚く。

こちらが叫びたい。


「びっくりしたー！　ちょっと、ただいまくらい言ってよ」と。

……言ったよ。という返事ももどかしく、私の口からはこんな言葉が出た。

「何？　どうしたの？　散らかってるし、生ゴミ臭いよ」

「どうって、別に何もしたくないだけだよ」

いつもどおりと言わんばかりだ。

……なんだろうか。母だけど母じゃない人と話しているような不安に襲われる。何

を言うべきかわからない。ようやく出たのは次の言葉だった。

「換気くらいしなよ」

……返しがない。大きな独り言になる。

「風入れて！　カーテン開けて、太陽浴びないと人間腐っちゃうよ！」と。

母が昔、物臭な十代の私によく言っていたセリフだ。正面の老婆を改めて見る。無表情。腐っているのか。都合が悪いとセルフで体内電池が切れるのか。動く気配がないので私が窓を開けに向かう。

その時、床を踏む足の裏がジャリジャリ言った。

砂か……家の中で？？？？

頭の中でブクブクと湧き上がるハテナマークの泡に翻弄されながら、とにかく窓を開け、網戸にした。

小さな網目のマスというマスに砂埃がびっしり詰まっている……巨大なウエハース……と見上げてしまう……そよともしない。両端を持ちガタガタとゆすってみる。一瞬、ガサッ、ボロボロッとかさぶたのようなものが浮き、ザザァーッと一気に崩れ落ち、ブワァァッと砂煙が立ち込める。あっという間に私は砂に襲われた。

……石にされる——かと思った。

生ぬるい風と湿気が入ってきた。網戸が呼吸し始めたようだ。ブハァッと私も息をした。

砂のかかった目をシバシバさせながら、ふと、母の座っている座椅子の下のグレーのカーペットを見やった……いやにふわふわしている。何だこれは……毛足か？　転がっているペットボトルをどかしながら目を凝らす。埃のかたまりだ。積もっているのだ。雨雲のようだ。

頭がクラクラする。弱っている場合じゃない。

母の雲行きも怪しい。何とか流れを変えたい。

「……とりあえず掃除しよう！」

思った以上に大きな声になり、自分の声にビクッとなる。

カーペットにコロコロをあてた。髪やら、ゴミカスやら、カビ、小さな虫の死骸……がべったり貼りつく。一瞬でゴミの絵巻みたいになる。ドン引く。無理だ。

「アマゾンで同じの売ってるから、カーペットごと取り替えようよ」

そう言った途端、バフッと、何かが頭に飛んできた。首ごと後ろに持っていかれながらボロ雑巾みたいな色の塊を見る、いや顔面で感じる。クッションだ。中にたまっていた砂埃がはじける。全身砂埃でコーティング……「うぎゃ」という顔の砂の彫刻にされる。すかさず窓から風が入り込む……体が風化する。

その時、母の怒号が飛んできた。

「余計なことするんじゃないよ！　偉そうに！　キィイイイ！　何様なんだよー！ぅぁあああ‼」

奇声だ。本当に母が発したのか？

私がSMの時にムチを持って叫んでいた「あああ！」より……よっぽど凄い。

そこじゃない。こんな理不尽な怒り方を母はしない……なぜだ。

ついに雨雲から雷が落ちた。嵐だ。

まだまだ何もわかっていなかったので、びっくりもあったが、腹がたった。

「はぁ？　どんだけ掃除しなかったら、こんなことになるんだよ！」足元に落ちたクッションを拾い、手加減なしで、老人に投げつけた。

それを老人が拾いぶん投げてくる。強い。動けるじゃないかババア。

汗だくで、はぁはぁ言いながら、ひたすら投げ合った。

昔から母は雑で四角い部屋を丸く丸く掃除するタイプだったけど。年々その円がどんどん小さくはなっていたけど。でもしてたよ。砂場じゃなかったよ。

私は、ただ実家でご飯が食べたかったんだよ。私の好きなきゅうりやにんじんの糠《ぬか》漬《づ》けはもう十年以上前にやめちゃってたけど。何でもいいんだ。母の作ったものが食べたかったんだよ。そうさ。中年の甘ったれさ。歯を食いしばったら、口の中まで砂の味がするじゃないか。何だこの不毛な面白くない時間は。ダブルで砂を噛んだようってか。自嘲が空回りし、思うだけで言葉が口から出てこない。何でだよ。ここ一番の愚痴が声にならないよ。

母が吠えた。「あーー！　もう嫌だ！　嫌だ！　嫌だあ!!　上等じゃねえか！　頭かち割って死んでやるー！」ドスドスと怒りまかせに階段を踏み鳴らし、二階に上がって行った。

静まり返った。

……え？　……死ぬと言ったのか？　……まさかと思い、恐る恐る後を追う。

母は、布団に寝ていた。……寝るのか。

枕元の時計は十四時を回っていた。昼寝なのか？　急な噴火と鎮火に取り残される。

トボトボと居間に戻った。

立ちん坊で涙が出て、止まらなくなってしまった。

母のあんな言葉を初めて聞いた。私が追い詰めてしまった。

すると、背後から「何であんなこと言うんだろうなあ」と声がした。ギョッとし振り返る。父だ。椅子と壁と父の肌着が同化していたが、端に座り、読むとも読まないともつかないような新聞を広げて……いたのか。

「え？」と聞き返す。

「ここ最近よく言うんだよ。口癖なんだろうなあ」と。

老人が頭を自らかち割って死ぬんだぞ、そんな暴れた表現をよく使うのか？

おい、母のSOSを「口癖」で片づけてんじゃねえ……。

いた、ここに一番のポンコツが。

止まらなかった涙がスッと引っこんだ。

こうして私は、母がおかしいことを全身砂まみれで体感し、借りようと思っていた部屋の契約をやめて実家に帰ったのである。

二十数年ぶりか。毎日一緒。

お互いなかなか慣れない。

つい自分の余裕のなさから「ポンコツがポンコツの心配しなきゃいけない身にもなってよ！」と怒鳴ってしまう。

母姉父三人がそれぞれ、ポンコツって誰だ、誰のことを言っているんだとキョロキョロする。無自覚である。

夜中に限って揉めたりする。

例えば、姉が何時になっても寝ない。姉は養護学校を卒業後、作業所といって障害者向けの就労施設に通っている。

「明日朝起きれないでしょ！　作業所どうするの？　行かないの？」と母が怒り出す。繰り返しが止まらない。

父が「怒ったって余計に寝ないだろ！　黙れ！」と母を怒鳴りつける。

酔っ払っているので止まらない。

姉は横で歌を歌い出す。

カオスだ。

びびる。

姉の十八番は「蛍の光」。

「ほぉたぁぁーるの、ひかーり、まぁどぉのゆき～～」

調子っぱずれだが、伸びやかな声。蛍火どころか、何の光も見出せない。

何度か三人のケンカの仲裁に入ったこともある。その度に、何というか、ペッチャンコにされるのだ。収拾などつかないし、どんどん長引く。

私が疲れ切ったところで、母が言う。

「けっ！　どこの東京風情か知らんけど！　急に帰って来て収めようったってそうはいかないんだよ！　偉そうに！　出直して来な！」

……家族ってチームじゃないのか。何だその退治してやったみたいなドヤ顔は。

父が「これは僕たちの問題だから！　すみは気にしなくていいんだ！　明日朝早いんだろう。ぐっすり眠りなさい！」と。呂律《ろれつ》がまわっていないけど、だいたいそんなようなことを言っているんだと思う。そうしたい。

でも、揉める時は、決まって私の部屋のドア前でやる。

たまの仕事の前日が多い。

なぜだ……。

あんたら……。

閉めているドアも壁も薄い。

家自体が古くてせせこましいので、本人達にとってはそこは廊下だ。

ああ。実家の廊下劇場、絶賛崩壊中。

改めて自分に問う。「私がなんとかしなきゃと思って戻ったんだろう？」と。

心が自信を持って答える。「そうだとも！　一緒に暮らし始めてわかったことが一つ。どうにもならない！」

……ポンコツ勢ぞろい。

2　記憶力テスト

二〇二〇年六月上旬。十四時過ぎ。

母を精神科に連れて行こうとしていた。

まず本当に認知症かどうか、今後のためにも診断が必要だと思った。

「あー！　行ってやらあ！　どこにでも連れて行って煮るなり焼くなり好きにしたらいいさあ！　出るとこ出て腹かっさばいて散ってやらあ！」

……もう……後半、どこぞの侍だ。

気分で言うことが変わる。行くと言ったのは初めてだ。

チャンスだ！　即、病院に予約を入れタクシーを呼び、やけくその母を後部座席に押し込んだ。奥のシートベルトをグイッと引っ張り母に掛けようとした。

「やめ！　触るな！　二度と触るな！　自分でやる！」と引ったくった母の手は汗でぐっしょり冷たかった。皺皺のずぶ濡れた手が隠れて大泣きしているようでならなかった。

　私のやっていることはあっているのか。

　つい昔の面影ばかり探してしまう地元で勝手もわからず、ネットで検索しただけの病院だ。

　到着し受付で検査希望の意向を伝え、広く空いた長椅子に座ると、母が悪態をつきながらピッタリくっついて座って来た……。

　究極のツンデレを味わう。

　母が周りを気にしながら声を落とす。ヒソヒソと、でも語尾は強くよく通る。昔から内緒話が苦手だ。

「よく聞きな！　ママ糖尿だけど先生には隠すから、あんたも言うんじゃないよ！」

と。

　急に悪だくみの臭いがする。

「……何で？」

「これだから素人は！　糖尿病と鬱とボケはセットだから。年相応の老いなのに、そんな先入観で見られたくないから」

そんな手荒い三点セットがあるのか……？　割合としてそういった傾向が多いということか？　母はずっと看護師だった。特に精神科で働いている期間が長かったからだろうか……。

どうやら元ベテランは認知症の診察というものを心得ているようだ。

ただ私の素人目には、母はその三点セットを既に持っているように見える。

「事実を言うよ。全部言わないと正しい判断してもらえないじゃん」

「嘘も方便って言うでしょ。よくもそんなガッチガチの頭で生きてこれたね」

いちいち腹が立つ。

「今日は令和何年何月何日？　早く！　教えて！　聞かれるから！」と母が急かす。

携帯で確認し「令和二年六月九日」

「えっと、二六九、二九六、二九五、二四五」まっしぐらに暗記の階段を転げ落ちて行く。

「二六九だよ」

「うるさい！　黙れ！」

理不尽だ……。

西岡さん、と呼ばれた。診察が始まる。

「こちらは初めてですかね。検査ですね。体調はどうですか？」と穏やかな声と細い目がまぶしそうなおじさん先生だ。

「どっこも問題ないんですけどねホホホ、護衛がね、あ、娘なんですけど、私のことボケたボケたって言うもんですからねホホホ、じゃあ一回診てもらえば安心でしょって言ったんですぅホホホホホ」

のけ反りそうになった。

……全く言ってもいないことを……堂々とさも真実のように。

ホホホと笑うよそ行きの母。

裏表がないのがうちの母ではなかったか。芸能界よりもよっぽど目の前のしがない老婆が怖い。見栄か。張れるだけましなのか。それとも母の中ではウソではなく、それが真実になってしまっているのか。

どう後に続けていいかわからず、「あと、糖尿があります」と不自然な付け足しをした。

「や〜ね〜ホホホ、二型の糖尿ですぅ、ストレスでなってね、甘いものなんて全然食べてないのにね〜ホホホホホ」

内容なんてどうでもよく、貼り付けたような笑顔でホホホを連呼する母がホラーに見えた。

「そうですかハハハ、ではリラックスしていきましょう。幾つかお聞きしますね。じゃあまず西岡さんの生年月日を教えてください」と。

「はい。令和二年六月、えっと……、何日だったか……、えっと」

……それだと生まれたてのババアになる。

聞かれているのは生年月日だよ。ガッチガチの頭じゃないか……落ち着いて……。

先生が母に合わせる。

「今日が何日何曜日なんて、コロナ禍ですし毎日お家にいたら気にしないですもんねえハハハ」と次の質問に移る。「じゃあですね、隣にいる方の名前と西岡さんとの続柄を教えてください」

「へ？　これ？　すみこです。娘です。娘って歳でもなくて四十五歳、未だ結婚もせずふらふらして行き遅れです」

きっちり出た……。何でもいい。その調子だ。

「ハハハ、では、今の総理大臣は誰ですか？」

「はい！　わかります！　毎日テレビで観てます！　顔は浮かんでます！　えっと……、えっと……、あ――もう、頭パカッと割ってこの人ですって見せたいです。ね、すみ、名前、ね」

懇願顔の母に、安倍さんだよ（当時）と言ってあげたい……。

「ハハハ、後でＣＴも撮りますから、そしたら中も見られますよ」

先生の返しが上手い。すごいなあと顎が勝手に二、三度頷いてしまう。

私はこんなふうに否定せず寄り添うようには話していない。揉めたくないからなるべく刺激しない程度だ。だから母はより荒れるのかなあ。認知症についてほぼ無知な私はぼんやり思う。

質問がいくつか続き、答えたり、答えられないほうが多かったか……。

続いて、先生が箱を出して来た。

「次は記憶力テストみたいなものです、楽になさってください」と。

母の顔がずりっと、ズレた地層のようだ。明らかに疲れている……頑張れ……。

箱にはハサミ、スプーン、時計、鍵、ペンの五つが入っていた。

「よく見て覚えて下さい。いいですか？」と、母が確認し納得したところでゆっくり箱は閉じられた。

「では中に入っていたものを言ってみて下さい」

「……えっと、いろいろありました。スプーンとかフォークとかナイフみたいなのがありました」

「そうです、ありましたよ、その中のどれでしたっけ？」

母は先生の顔を凝視しながら、

「フォ——？　……スプ——？　……フォ、ナイ？　……スプーン！」

「そうです。スプーンです」

探りが酷い。一か八かではなかったか。先生の細い目の奥が口ほどにものを言ったのではなかったか。

「あとは何がありましたか？」

「あとは、そうですねえ……、私が普段使っているものならスッと出るんですけど、馴染みがないものはねえ、言えと言われてもねえ」

「確かに。身近なものもありましたよ。切ったりする時に使うようなもの、入ってませんでした？」

「あー！　包丁！」

「惜しい、包丁も確かに切れますね、台所から離れてみましょうか。あと普段何を切りますか？」

「最近庭の木を切りました、庭狭いのに木ばっかり大きくなって、だから枝を切ります、ノコギリ！　……違います？　あー！　はい！　高枝切りバサミ！」

「うーん、それを箱に入るサイズにすると？」

「……普通のハサミ？」

「正解です！」

いつからクイズになった。

私は何を見せられているのか。

記憶力関係ないではないか。

先生の温かい誘導により残りを消化し「ほぼ全部正解です、念のためＣＴも撮っておきましょう」となった。

母が看護師さんに付き添われ奥の部屋へと移動して行く。

私は元の待合室の長椅子に腰を下ろした。

これからどうしていけばいいのかなあ。

診察ひとつで、母一人で、これだもんなあ。更に姉も、頼りにならない父も。三人をおんぶしたら土にめり込んで窒息している自分が浮かんだ。おいおい……想像で死ぬなよ。

拳で心臓をドン……ドン……と叩く。うんともすんとも言わない……あれ……どうした。

私生きてるか？　……あれ……真っ暗だな。どうやって現実に帰るんだっけ……。

するると突然、

「しんぞ――――‼」と大声がした。

ドンン！　と心臓が跳ねた。何事だ。聞き慣れた声。母だ。

「しんぞ――――！　あべ――――！　すみ！　いる？　先生に伝えてー！　総理大臣！　思い出したよー！　しんぞ――――！　あべ――――!!!」

なぜ、ファーストネームから……。

廊下と待合室に響き渡る。

受付の看護師さんや他の患者さんに、すみませんと頭を下げながら母のもとへ向かう。

一瞬落ちた私の心臓を母は救い上げた。

「安倍さんね、絞り出たね、やったね」と声をかけた。

「間に合う？　セーフか？」

「うん、セーフだよ」

会話で寄り添うってこういうことかな……いやどうか……わからない。

診断結果は脳の萎縮も見られ初期のアルツハイマー型認知症だった。

しばらく家が荒れた。

母は一人で「セーフって言ったじゃないか！　騙しやがって！」とか「アウトアウトって言いやがって！」とか「セーフだろ！」「誰がアウトだ！」と突っかかってきた。

姉がトコトコやって来た。

母の横を陣取り遠慮がちに「ヨヨイノヨイィィ」と踊る……野球拳か……。

得意げな姉。

変な空気になる。

でも明らかに少しだけ母が緩んだ。

これが寄り添うかなあ……。

姉は知っているのかなあ……上手だ。

3　背比べ

とある日の午前中。

台所と居間を仕切る薄汚れたカーテンがある。洗おうか迷っていると、ふとその陰に隠れていた貧相な柱に、マジックで横線が二本引かれている。誰かが背を測ったような……線と線の間は一センチないくらいか。私を含め中年と老人の四人暮らし。

「ねえ、これ誰の成長の記録？　この家建てたのって、私二十歳《はたち》過ぎてたよね」と母に聞いてみる。

「え？　どれ？　……知らない……初めて見たよ。これ、子供の背？　大人じゃない？　……いや、でも今のお姉ちゃんの背にしては高いし、ママやあんたにしては低いよ……こんな人うちにいないよ。薄気味悪いもん見つけるんじゃないよ」とピシャリとカーテンを閉め、なかったことにする……。

未解決のまま昼過ぎ。

台所で洗いものを済ませ、氷の溶けた薄いコーヒーを立ち飲みしていた。

結局洗っていないどんより色のカーテンをぼんやり眺めていると、同じくらい古めかしい手がひょいと覗き、居間から母が顔を出した。ティッシュの箱を持参し、頭にのせて柱と向かいあう。いた、現行犯。


特に何も言わず見つめていると、母から話し出す。

「え？　何センチ縮んだかと思って。歳取ると背骨が詰まったり腰が曲がったりするだろう」箱を片手で柱に押し当てたまま、体を外し確認する。「ああ、ほらぁ、また縮んだ。いやだねえ」と。


「ティッシュの箱が真っすぐじゃないよ。自分でやるから前が下がっちゃってるんだよ」とそばに寄り、箱を持つ手を交替する。私のふところで母が半回転し背中を柱にピタリとつけた。先にある二本の線より少し上だ。

「ここだよ」と人差し指をあてがう。

「えー！　ママここ⁉　けっこうあるね。なんだあ、歳の割には背筋しゃんとしてるねえ、良かったー……え？　……ね……じゃあこの下二本は……いったい誰の？」

「全部ママの線だよ」と返す私に、「うそつき！」と清々しいほどの不信感丸出しの顔を向けてくる。……認知症の線だけ消したいね。くやしくて、腹が立って、何でもないことが切なくて……。

いつの間にやら姉が、新しいティッシュ箱を持ち順番待ちしている。

衰退の背比べ。

4 ヘドロとドロボー

八月某日、朝九時過ぎ。母がいない。

不安に思いながら、何とはなしに玄関先に出る。

畑の間の一本道に目をやる。

遠くのほうから、電動自転車に乗った母が帰って来るのが見えた。

ホッとする。えっちらおっちら。あの漕ぎ方は電動のスイッチを入れていない。

汗だくの帰還。

「はぁーしんどい。何？　ボサーッと突っ立って。それよりこの自転車、知ってる？　重いの！　ちょっとコンビニ行くだけでヒーヒー言っちゃう」と。

「スイッチ入れてないからだよ」

「ありゃまあ！　そうか！　行く時に言ってよ」

……行くって言ってよ。

母が握るハンドルを代わり、自転車を庭先の定位置に戻しながら、

「自転車危ないからやめたって言ってなかった？」と聞いてみる。

「そう、前にね、止まろうと思ってブレーキかけたら、あららららってヨタついてそのまま横倒しで下敷きになったんだから。危ないよねー、あ、じゃあ、ね、ね、ついでにこれ覚えておいて」と手招きしながら、家の裏手にまわる……ついて行く。

人が歩ける程度の細い通路とブロック塀の間に深さ五十センチほどの細長い溝があるのだが、そこを指しながら、「ここの溝ね、ここで昔パパクソ（父）が酔っ払って落ちて足捻《ひね》った場所ね。で、ここの苔でジメジメしたところ、冬場凍って、パパクソが酔っ払って転んで顔の頬っぺたが陥没したとこ。で、こっちの玄関の段差はママが転んで肩脱臼したとこね。そういうことだから」

どういうことだ。凄いシメかたをする。

老夫婦……何やってんだ。頼むよ……。

家まわりのケガツアーに付き合わされる。

なんにせよ。機嫌が良いし、しっかりしている。ムラはある。が、穏やかな母は可

愛らしい。

「はあー暑い。もういいかな。喉カラカラ。中入って水飲みたい。あ、そうそう生協の未払い、今ちゃんとママとパパクソの年金で払って来ました！　誰にも迷惑かけてないから」と家の中に入って行った。

なるほど。それか……。

長年、うちは一週間に一度、生協に食材を届けてもらっていたようだ。最近、ここ三ヵ月分の未払いが発覚した。約九万円。どんなに注意を払っても、私がいない時は注文用紙を書き換え、受け取りの人に渡し、大量の野菜やら肉やらが届いた。

それらをできるだけ作り置き調理にし、冷凍庫に入れた。

そのタッパーを私の留守中に母が全部出す。夜帰宅し冷蔵庫に移す、また母が出す、入れる、出す……。冷凍（私）、冷房の効いていない台所の隅（母）、冷蔵（私）、冷房の効いていない台所シンクの上（母）、冷蔵（私）、炊飯器とポットの脇（母）……。母と私の攻防戦。私は食べ物の温度管理が気になっていたはずなのに、消臭ビーズみたいな置き方しやがってと置き場さえも腹が立ってくる。

「何で出すの？　傷んじゃうよ。それ食べて食あたりになっても、コロナ禍で今受け入れてくれる病院なんてないよ」

「知らないものだから食べないさ！　米に味噌塗って食ってれば生きていけるさ！　あんたがゴチャゴチャ言わなきゃ全部丸く収まるんだよ！」

十個くらいある小タッパーのフタを開け、流しにぶちまける……のをやめる。掃除するのは私自身だ……。


この頃、私は再開し始めたわずかばかりの仕事と、友人を頼って、ダイビングスクールのショップでアルバイトさせてもらっていた。

電話番でオタオタし、グッズの発注ミスを繰り返し、PCにお客様の名前と個人情報を一段ずつズラし誤入力する、いったい何だったら出来るんだという私を「息抜きに、居たいだけ居て〜」と置いてくれた。感謝しかない。

二十一時頃帰宅する。

玄関のあがり口に、生協から届いた五キロの米袋が三袋。横に寝かせて並んで放置してある。土のうか……。

別日の帰宅。

台所の床に、ジャガイモがゴロゴロと散乱している。なぜ袋から出す……。

クソッと蹴っ飛ばす。イモとイモがぶつかり合いながら四方八方に広がる。

イモよ。ビリヤードみたいな散り方しやがって……。


別日。


もう何もしたくない。どうにでもなれと放置した。

ほうれん草などの葉物は日に日に腐って溶けた。溶けるんだな……。

野菜室がヘドロだ……。

その中で母は好きな肉や腐っていない野菜を引っ張り出し調理した。

私が作った作り置きタッパーの「カレー」「肉鍋」などは食べ、「酢づけ」と書いたラベルのみが残った。嫌いなものだけはじいている。

器用だ……母姉父三人共どこ吹く風だ。騒いでいるのは私だけだ。

正直、未払いのあいだ配送が止まって良かった。買い物はいる分だけ買いに行けばいい。生協を解約した。


ちなみに。

冒頭から出てきているパパクソ（父）についても話したい。

決してクソではない。

父はサラリーマンだった。定年まで一生懸命働いてくれた。

一生懸命酒を飲み、酔っ払い、金遣いも荒く、度々の借金もあった。

父自身、自分はしっかりしていると思っている。

自分が家族を守らなければと……。

だから、ただ酔っ払って溝に落ちているのではない。

戸締まりで、夜中、毎日必ず家のまわりをぐるっと一周し、見回ってくれる。

それを酔っ払って帰って来てもやる。

結果、千鳥足で落ちて行く。

掃除も。たまに台所の床を雑巾で拭いてくれる。

私を見上げながら「いやいいんだ。いいんだ。こうやってしゃがみながらやると足腰の運動になるんだ。大丈夫。気にしなくていいよ」と。

全く気にはしていない。

たまのたかが台所の床拭きで、他にもあるぞと言いたい。

「ありがとう」と返す。

「すみもいろいろ気を配ってくれてるけど、パパも見ているよ。両方でやれば安心だ」と。

見ている？　そうだろうか。

冷蔵庫がヘドロ化しても何のその。

「気がつかなかった」と。節穴ではないか。

「それは、ママが買って来たものだから」とも。

「ママがじゃない！　誰がじゃない！　腐る前に食べる！　腐っていたら捨てる！　小学生だって出来るよ！　八十こえてるよね？」

ついついキツくなる。

父は。

母がいないとダメなくせに、昔から母との喧嘩が絶えない。

ある日、私は父に言った。

「誰から先に死ぬかわからないけど、ママには苦労かけてきたでしょ。パパも頑張ってきたよ。我慢もわかるよ。でも怒ったらママを追い込むだけだよ。出て行っちゃうよ。帰って来れないよ。他に行くとこなんかないじゃん。ここが家なんだから。ここに居たい、幸せだと思うようにしてあげようよ。私は、最後は自分の人生まんざらじゃなかったなと思って逝って欲しいよ。それはパパも。お姉ちゃんも。だから残ってる人が悔いのない見送り方をしようよ。そのためにも喧嘩しないで」

私がこの→活字にした分量の言葉を父に発したのは人生初めてだ。

耳が遠いので、近くで、大きめの声ではっきりとした口調で気持ちを伝えた。下手くそな朗読劇のようだった。

「わかった。わかっているよ」と父は言った。

次の日。

父は母と怒鳴り合っていた……。

……やはり「クソ」だった。

「ちょっと！」

仁王立ちで割って入る。

「すみ、ごめん、わかってるんだ」と。

……わかっていてか。なら、少し、進歩か。

私も父ほどではないが母にキレてしまうことがある。言えたもんじゃない。

母はお金の管理が少し難しくなってきているので、基本はいつも通りにやってもらい、三人の通帳とカードは私がそれとなく預かっている。

ある日の夜。

母がやっぱり自分が持つと言い出した。

こういう時は固執してしまうので、話を逸らすのがいいと、読みかけの本に書いてあった。

「明日考えよう」とか「パパはまた今日もどこで飲んでいるんだかねえ」と言ってみた。

「そんなすり替え騙されないよ！　ドロボー！　ドロボー！　返せ！」と。

おい。本よ。即、覆ったぞ。どうしたらいい……まだまだしっかりしていると取るべきか。

私の部屋のドアをひたすらガチャ！　ガチャ！　ガチャガチャと押し引きし、音を立て……が、小一時間続いた。

「うるさい！　勝手にしろ！」と母の足元に三人の通帳とカードを叩きつけて、終了した。

外で飲んでいるだろう父に電話した。

酔っ払っているし、着信音も聞こえないだろう……出た。

「もしもし……すみ？　もしもーし」

「……ガチャガチャ、ガチャガチャ、ってやるからぁぁぁ」

泣き出してしまった。

「ドォ、ロォ、ボォボォ、ボォって言うんだよおぅおぅ」

泣きじゃくり、つっかえて、この始末……。

「ママか。いいんだよ。すみも発散しないと、やっていけないよ。溜め込んだらダメだよ。もう何も考えずに寝なさい」と父は言ってくれた。

電話口の向こうから「スミマセン、デンワチューカ？　コロッケワ？　ドウスルカ？　食ベルンカ？　ン？」と女性の声がする。

……いったい……どこの外国人スナックか飲み屋で、飲んでいやがるんだ。

涙がスッと引いていく。

「ありがとう。私が怒ったらダメって言ったのにね。飲み過ぎないように。気をつけて帰ってね」と電話を切った。

流石コロナ禍。店も早々に閉まる。数時間後、父にしては早めの帰宅。

ガチャガチャガチャガチャ！　と。鍵を家に忘れて出てしまったようだ。

玄関のドアがぶっ壊れるかと思うくらい、力任せに押し引きし、外から蹴っている。

古い家に音と振動が響く。

ああ。そうだった。父こそが、昔からの筋金入りのガチャガチャ野郎だった……。

こんなやつを一瞬でも電話で頼ったのか。

鍵を開けに行く。目をトロンとさせたハゲ散らかった爺さんが頭から入って来る。

「ドア壊れたって直すお金ないんだよ。玄関のチャイム鳴らしたらいいじゃん」

「チャイム？って鳴らしたことないよ。どこにあるんだ？」

おめえ、ドアホンの位置もわからず、毎日家のどこを見回っているんだ。

「もう寝なさい。パパのことは気にしなくていいから」と千鳥足で外を見回りに行く。

ムカムカしながら階段を上がると、隣の部屋で布団の中から、母が顔だけ覗かせているのが見えた。その横のベッドで姉もモノマネのように同じ体勢をとって聞き耳を立てている。母がこちらに顔を向けた。姉も続く。三人目が合う。

母が「な！　パパクソが！」と。

「……だね」と私。

「パパクソ〜〜」と姉が笑う。

女同士。気持ちは一緒か。

ピン〜ポーン。

ドアホンを発見したようだ……。

5　疑惑

二〇二〇年十月。

朝っぱら母の電話している声で目を覚ます。

そうだ。実家だった。もう戻って数ヵ月経つというのに、まだ時々こんな風に思う。

「そうなのよ。言っても聞かないの！　麻薬よ！　やってるのよ！　シーッ！　お願い！　ここだけの話にして！」と本人なりの小声。

「それだけじゃないの！　部屋に引きこもって祈ってるのよ。あれは絶対いかがわしい宗教！　どうしたらいいか……」

誰と……電話しているんだ。

頭の横ら辺の携帯を手で探り時間を確認する。七時五分……にする会話か。

本気で言っているのか……。

「そう！　まだ独身。四十五か六か七か八歳。そうなのよ、よく知ってるわねえ、その昔ね！　ＳＭだった！　あと麻薬！」

あとじゃない。

居間にデタラメなタレコミ屋がいる。

母は昔から火のないところに煙をおこす天才だ。そこに認知症がのっかってくるようだ。無敵だ。ないとは思うが万が一噂になって、悪いことはネットニュースに上がりやすいだろう？　……私、一応人気商売なんだよ……いや自意識過剰だ……いや、うーん……もう後回しだ。まだ寝ていたい。布団を頭までかぶる。ウトウトする……。

「ちょっと起きなさい！」

ベッドの私の枕元に母が立っている。びっくりして「ダ！」と変な濁音が出る。そこは死んでから立つポジションだろう……怖いよ。上半身を起こし携帯を触る。七時半過ぎ。

「ママにも覚悟があるから。出しなさい！　薬と注射器！　親だけど、親だから、あんたを今から警察に突き出すから。いつから自分のケツが拭けない人間になった！

拭けないなら一緒に拭いてやるから支度しなさい！　情けない！」

と言い放った母の唇が食い縛れば縛るほどワナワナと小刻みに震えている。

……わかったから、その無償の愛をそっと懐に戻しなさい。

冤罪《えんざい》にもほどがある。


ことの発端は大したことではない。

先日、母の友人がウチにお茶しに来てくれたことに始まる。

マスクをしながらペチャクチャ喋る二人の前に、私はペットボトルのお茶とギリギリ人様に出せそうな個包装のしけていない煎餅をお茶請けに出した。

「はいはい、出来るふうを見せたいのね、ね、出戻りに見える？　違うのよ〜、一回も嫁いでないの」と母。

おばちゃんが「そうなの？　まだまだ二回だって三回だってチャンスあるよ。あ、まず一回がないのか。ごめんごめん。あれ、すみちゃん、その腕に貼ってる絆創膏《ばんそうこう》みたいの何？」

まずあんたらのあけすけな会話で負った、小さな心の傷に絆創膏を貼りたい。

腕……。

Tシャツの袖から白い四角いシールがチラリと見えている。

「あ、これパッチ型の貼るビタミンサプリなんですよ」

母が「えー、肌から？　ビタミンが？　あんたそれ騙されてるよ。だってパッチもんって、にせもんってことでしょう？」と。

パッチ型ね。パッチもんは知っているんだな。

母は何を知っていて、何を覚えていて、何を忘れていくんだろう……。

おばちゃんが「違うわよ～ねえ～今はビタミンも貼る時代になったんだねえ。何か予防接種とか献血とかで絆創膏貼ったのかと思ったー。もう全然現代？についていけない～。ネットとか？　リモートとか？　すみちゃんもリモート？」

「いえいえ全然、私もわかってないですー。ネットも部屋に引きこもって、たまーにYouTube見ながらヨガやってるくらいです」

「ヨガ？　あの宗教みたいなやつ？」と母。

ヨガと宗教の偏見が酷い。

昔は、まあ、そんなイメージもあったか……。

おばちゃんが「あら～運動するだけすごい～。もう私なんてコロナ太りが止まらなくて、毎日ダイエットって思ってるのよ」と言いながら煎餅に手を出す。

「やだ～すみちゃん、今ダイエットって言うわりにお煎餅食べてって思ったでしょう～。おばちゃんぐらいのベテランになるとね、言った先から都合よく忘れていくのよ、じゃないとね～やってらんないわよね～アハハ～」と。

私もおばちゃんだが、いつからその域に達するのだろう。

忘れる、は健康か。

穏やかな時間が過ぎた。

母も嬉しそうだった。

注射、絆創膏、ヨガ、宗教、引きこもり……のワードが残ったのだろうか。

その日以来、母にとって私は麻薬常用者で注射の跡を絆創膏で隠して、宗教にハマり実家に引きこもっている人になった。

話を戻す。そこからの朝のドタバタだ。

なかなか引き下がらない母に、最後は私が「うるさい！　出頭するから玄関で待っとけ！」と母を部屋から追い出し……後悔し……寝る。

九時過ぎ。ダラダラと、重力に負けたような顔を引っ提げて起きる。

少し時間が空くと母の気持ちが逸れていることが多い。

何事もなかったようになる。それはそれでいい。

朝ごはんを済ませ家事。

ウチには洗濯すると白い服が薄汚れるという、オンボロ洗濯機がある。洗濯する度に気が滅入る。

おまけに脱水を拒否し、ピーピロピーピィ～と終わりましたよを軽快な音で知らせてくる。「ポンコツが」と口に出す。母が覗きに来て「今日はハズレね。機嫌が悪いのよ」と。家電の機嫌まで知るか。母の機嫌は良い。

「一番安いのに買い替えよう」と言ってみる。

「使えるものを何で捨てる！」と母が怒り出す。沸点が難しい。

大声が珍しく父の耳にも届いたようだ。

居間の窓を開け、軒下の小さな縁側もどきに座っている。

日向ぼっこしながら私に声で加勢してくれる。

「すみが買ってくれるんだろう？　全部甘えたらどうだ？　なんでも世代交代はあるんだ。快く身を引いてあげるのも我々の務めだろう」

母が「パパクソのやつ何言ってんだ」と。

同感だ。酔っ払っていなくても話がややこしくなる。それが父だ。

お金に余裕もないので、反対されると買う決心が鈍る……。

ビッチョビチョの洗濯物を風呂場で絞り、カゴに入れ母に渡す。

「はい、これ干して、甘えないで」と。

「老人をこき使って偉そうに。全部甘えていいって言っただろう」と。あっという間に父の戯言《たわごと》が私が言った、にすげかわる。そしてブツクサと二階のベランダに洗濯物を干しに行く。

十分後。

「すみー‼　すみー‼　早く来て！　助けてー！」と上から母の叫ぶ声が降ってくる。

「何ー⁉」

「来てー！　来ればわかるー！」

行く前に知りたいんだよ。見えない危険に怖気《おじけ》づきながら、階段を駆け上がる。

ベランダから吹く風で揺れているカーテンをまくしあげる。

「あれ！　見て‼」と母が顎をしゃくった先に……蜂だ。壁の一角にピンポン玉くらいの巣を作りかけている。数匹、母のまわりでブンブンと唸《うな》りをあげている。

「あんた昔、蜂に一回刺されてるから！　来ないでー‼」

呼んだんだろ……。

私も「ママ危ないから！　部屋に戻って窓閉めて。殺虫スプレー持ってくる！」と声を張る。

「いい！　間に合わない！」と母は自分の履いているクロックスを片方脱いで、飛んでいる蜂一匹と巣を叩き潰した。

老婆が……バシン！　と。続けざまにバシン！　バシン！　バン‼

一度もはずすことなく数匹の蜂と巣を仕留めた。

ビビって、私と生き残った蜂の時が止まる。

「ボサッとしてないで！　スプレーとチリトリとスコップ持って来て！」と母が指示を出す。

ハッと我に返る。「まだ蜂いるよ！　ママ中に入って！」と再び母に言う。

「部屋に蜂が入ってお姉ちゃんが刺されるほうが大変でしょーが、バカタレが！」

……じゃあ、窓を閉めなさいよ。

お姉ちゃんか……振り返るとベッドの端に座り、事の成り行きを見守っている。目がキラキラしている……イベントではないよ。

走って階段を降り、スプレーと……チリトリと？　……スコップ？　……なんなんだ。下駄箱や棚を引っ搔き回し、全てをわしづかみにして持って上がり、裸足でベランダに出る。

「ママ下がってて！」と私はシューッとスプレーを噴射する。風の向きで半分こちらも被る。だからといって体は急に動けない。飛んでいる蜂は散り散りに逃げて行く。

咄嗟《とっさ》の私は鈍くさい。

対して母の動きは早かった。

チリトリとスコップで蜂の残骸をすくい上げ、潰れた巣を壁からこそげ落とし、下の庭に向かってバラバラ～と撒き散らした。

「えええ!?!　わあ――――！　ギャ、わあ――――！」

下から間抜けな男の声が聞こえる。

父だ。そうだ日向ぼっこ中だった。

すると突然、姉がベランダに顔だけひょっこり出してきた。

「パパ危なーい！　逃げてー！」と空に向かって叫ぶ。

遅い……かなあ。

私の知っている母がいた。


十一時過ぎ。遅めの仕事で都内へ。

身支度をし玄関で靴を履く。後ろで母の気配を感じる。見送りに来てくれたようだ。

「人間だから。間違うこともあるよ。あんたが二度としないって誓うなら、ママ、全部忘れたことにする」と。

……？

母が続ける。

「自首は待ちなさい」

ズルッとなる。

壊れながらも親なんだなあ。

どんな忘れるでもいいよ。

私が何時何分全部、母と過ごす時間を覚えておくよ。

6　大晦日の大事件

二〇二〇年大晦日。朝十時。

ひとつも掃除が終わらない。

ピンポーンと宅配便が届く。シュ、シュと足を全く上げる気のないスリッパ音。母が受け取ってくれたようだ。

箱を抱えながら「……なんだろうかこれ、えらいずっしりしてるよ、骨壺サイズ、不気味だねえ、突き返そうか？」と。

「お節だよ。もう作るの面倒だから通販で頼んでみたよ。三段重ってウチ初めてじゃない？」

「えーお金もないのに。甘いもん煮詰めた寄せ集めを三箱も？　こんなもんだーれも食べやしないさ」

嫌なことを言う。喜ぶと思ったのに。正月くらい正月らしいことをと思っているのに。台所のベットベトの換気扇を見上げる……くじけそうだ。

振り返ると「少しつまんでいいかなあ？」と母がお節を開けている。目が幼い。

ババアと子供の狭間だな。私の頬が少し緩む。

「明日、年明けてから食べようよ。あとお風呂入って。もう何週間入ってない？　お姉ちゃんも入れて。そんな臭い人達と正月からご飯食べられないよ」

「風呂風呂って。ここではっきりさせとくよ！　ママは風呂に入れない人じゃない！入りたくないいんだ！」

なお悪い。

一点の曇りもない不潔宣言。

バラつきはあるが段々と、姉だけでなく、母も入らなくなっている。

昼過ぎ。

掃除の深追いはやめた。もう間に合わない。

料理に取りかかる。

酢の物と、味の染みていないぼんやりな筑前煮が出来た。

姉が覗きに来た。「しいたけさん、ごぼうさん、れんこんさん、にんじんさん、すじーのとおった〜〜」と歌いながらこちらを見る。

なんだっけか……ああ、お弁当箱の歌だ。

保育園の遠足。ウチは毎回ほぼ煮物メインの弁当だったたな。タコさんウインナーやウサギっぽいリンゴ、ラップで巻いたキャンディみたいなサンドイッチが羨ましかったっけな。その横で姉が歌っていた。野菜の種類や順番はその時々で違ったが「すじーのとおった――」でキラキラさせた目を向けて、必ず私を待つ……ああ。そうだった。

四十七歳の姉の顔を見る。口をチュウの形で待っている。なかなかのブサイクだ。歳をとったな。

一緒に「フ―――キ‼」と。

満足そうだ。「フキ入ってないよ」と言ったら、

「そういうとこだよねぇ」と肩をすくめ、おどけたリアクションをとる。

しめたろかと思う。

煮物をタッパーに移し、

「お姉ちゃん臭いよ、お風呂入ってね！」と振り返る。いない。

居間で母と切り餅の袋を開けようとしている。「風呂‼」返事はない。


十五時。

窓ガラスだけは拭いておくかと庭に回る。だいぶ掃除をサボっていたザラメのような窓をスポンジで落としていく。

……なにやら二階で母が怒鳴っている。くぐもってはいるが単語、単語は聞き取れる。

どうやら姉が自室でウ〇〇を……漏らしたらしい。

外窓から一階の居間を覗くと、呑気にピーナッツを食べ、お茶をすすっている父が見えた。

窓の内鍵を開けさせ、父の耳元で大きく丁寧に、

「絶対、お姉ちゃんお風呂に入れてね。それくらいやって」と野太い声でドスを利かせた。

すると、母が居間に降りてきた。始まる……。

「毎日毎日！　ご飯もたらふく食べているのに、その上ミカンやらリンゴやら食べさすからお腹壊したんだよ！　あげるなって言ってるのに！　パンツも床もビッチョビチョだよ」

「何？　好きなものを剝いてやって何が悪い？　全部僕が悪いのか！」

「愛情表現が乏しいんだよ。もの与えたら愛か？　犬猫じゃないんだよ！　定年して急に親面して自己満足か？　ごっこじゃないんだよ！」

「何だと？　耳が遠いんだ！　聞こえるように言え！　ごちゃごちゃ何言ってるかわからない！」

聞こえなくて良かったか。父にはきつい。

母が正しいと私は思う。ねえ、本当に認知症？　冗談でしたって言ってよ。

ふと見ると。母が怒り任せにブンブン振り回しているのは、ビッチョビチョのパンツだ。冗談ではない。

窓を全開にし声を張り上げる。「くさいからあああ‼　どうでもいいから掃除してよ‼　朝から！　何で私一人だけが掃除して洗濯して料理して、おまえら何してんだよ‼」

母が言う。「なあんにもしてないさ！　ウ〇〇は見なかったらいい‼」

父が言う。「換気したらいいんだろ？」

「換気でなかったことにできるかあ！　クソがあああ‼」

居間をまたぎ二階に上がった。

姉がフローリング用ワイパーの柄を持ちシートをつけずに床を拭いていた。掃除していた。……ただ、それでは床全面にコーティングされてゆく。

「いいから！」姉から柄を奪いとり「出てって！　黙れ！」と言った。

「すみちゃん、あのね、わたしまだ何にも言ってないよ」

「うるさい！」と、姉も、姉に声をあらげた罪悪感も全部部屋から追い出した。

強烈に臭い。ここは昨日掃除したばかりなのに。

靴を履き雨具を着た。後で全部脱ぎ捨てよう。窓を開ける。手袋をし、雑巾、除菌剤、アルコールあらゆるもので排除した。床の目地、木目の部分は歯ブラシでこすった。

私は、姉の風呂問題にはほぼノータッチだ。だから後ろめたい。

でもこれは言っておこうと下に降りる。

「老老介護はしんどいんだよ。今すぐじゃなくても、お姉ちゃんを施設に預けるとか、プロの人に入ってもらわないと。みんな共倒れになるよ！」と。母のことで手いっぱいの私は、それを言い訳に姉のケア知識はもっと何も知らない。それでも外の助けが必要だろうと思う。

母が言う。「鬼が！　うちの大事な子を何で施設なんだ！　悪魔が！　東京行ったらこんな冷たい人間になったんか。人じゃないよ！　鬼！　鬼！」

父も言った。「すみ、そんなこと言うもんじゃない、パパが全部面倒見るから」

「パパは自分の面倒も見れないだろう！　おまえの出来ることってなんだ‼」

「父親に向かっておまえとはなんだ！」

「パパなんて、ただの記号だろう！」

「なんだと！」話のポイントがズレていく。

姉が私を見ている。

「全部おまえのせいだからな！」と吐き捨てた。

家を飛び出した。

もう知らない。もう嫌だ。

十八時過ぎ。

電車に乗って……六本木にいた。なんでだ……明るいほう、明るいほう、東京タワーに吸い寄せられたか。虫みたいだな。

コロナ禍の十二月三十一日。人通りも少ない。店も早々にシャッターを閉めている。映画館はやっていた。何とはなしに買ったチケットを見つめる。

さんざん鬼呼ばわりされて『鬼滅の刃』か。なんでもいい。あったかいところに座りたい。

一番後ろの席に腰をうずめた。

大音響に包まれながらひたすら大画面を見つめ、どれほどの時間が経ったのか。

大ヒット映画の内容がひとつも入ってこない。

……あれが主役の子か。泣いているな。なんでだ。「レンゴクさん、レンゴクさん」って。誰なんだ、全くわからない……まだ言っている、そんなに悲しいの？

……レンゴクさん……レンゴクさん……レンコンさん……ニンジンさん……ゴボウさ

ん……すじーのとおった……。

「……フキ……ごめん……ごめんよぉぉ……お姉ちゃん……帰りたくない、帰りたくないよぉぉ」と。

もうわからない。炭治郎と、共に泣いた。

帰宅した。

石鹸の香りと湿気が微かに漂っている。風呂に入ったようだ。

電気の消えた階段を上がる。窓が開いたまま、暖房が入っている。空気の対流までもがカオスだ。

三人とも掛け布団の上に毛布を重ね丸まりながら寝ていた。

そっと窓を閉め、暖房をタイマーにした。

自室のドアノブを探る。ドアにメモ紙がガムテープで貼ってあった。読みたくもない。もう疲れた。引きちぎりたい思いで剝がした。

部屋の灯りをつけ、頭が停止したまま目が字を追った。

母の字だ。

すみへ
わすれてることも　わすれたり、
言ったことも　わすれたり
来年は、もっと、もっと
ひどくなるかもと思います！
それでも　お姉ちゃんが生きてる間は
生きててやろうと思ってるので、
かんべんしてちょうだい。
めいわくかけます。
ごめんなさい！
ママより

ベッドに入り。
布団を手繰り寄せ小っちゃく小っちゃく丸まって、膝で涙を擦りながら寝た。

元旦。

体感で目が二ミリしか開いていない。

ウチなんてミリくらいの視界で丁度いい。下に降りると、

母が食卓にお節と筑前煮と……別の煮物と、ちらし寿司を並べていた。

「……作ったの？」作れるの？　とも思った。

「そりゃそうよ、一応ね。お正月だから。でもね、こっちはママが作った煮物。あっちのは見たことない煮物なの。知らないウチのよ。不気味よねぇ、捨てたらもったいないし、あんた毒見する？」

「私が作ったやつだよ」

「うへぇ、あんた煮物作れるの」

わいわい、がちゃがちゃと四人でお正月を迎えた。

母の煮物にフキが入っていた。

姉が嬉しそうにこっちを見ている。

そっと噛みしめた。

7　一月にクリスマス

二〇二一年一月年明け。朝九時過ぎ。

玄関のドアを開けると外に電動自転車のバッテリーが落ちている。

私の肩越しにひょいと母も顔を覗かせる。

「何？　あーはいはい、それね。最近の宅配はそういう感じになったらしいよ、なんて言ったか」

「置き配？」

「それ」

それじゃない。

置き忘れたんだろうが。母よ。どの段階で忘れたらこうなるんだ。

バッテリーを持ち上げ家に入る。部屋の隅に充電器をセットしながら「病院、自転車で行くの？　転んだら危ないから歩いて行かない？」と聞いてみる。

返事がない。慌てて玄関を見る。いない。ドアを開け目を四方に走らせる。三十メートル先の公道で、自転車のペダルに片足を乗せ、ケンケンしながらバランスが取れず、ヨタヨタと永遠に助走してそうなババアが、いた。小さく安堵する。

「バッテリーまだだから歩いて行こうよ。私も行くから待って」

「えー、そうなの？　しょうがないねえ、ママ一人で行けるのに」と。

渋る母の自転車を元に戻し、取るものも取り敢えず出発。

糖尿で一～二ヵ月に一度通っているかかりつけの病院。最近一緒に行くことを拒まなくなった。

畑と畑の間の細道をゆっくり並んで歩く。

私が足を一歩出す間に、母は小股で二歩くらい。ちょこまかと進む。

歩幅が狭くなったんだなあ。もう少しペースを落としてみる。

「え、何～？　もっとパッパと歩けないの？　こんなんじゃ日が暮れちゃうよ。どっちの介護なんだか全く」と母。

……速度を戻す。介護されていると思うのか。

私は付き添いではあるが散歩がてらの気分だった。

「最近焦っちゃうのよね。上手く言えないんだけど、ママ毎日何だかせっかちに生きてるのよ」と。

「今更？　昔からせっかちのかたまりじゃん」

「そういう冗談はいいのよ」

笑わせたつもりはない。

「そのくせ世界中がぼんやりに見えるんだよ。あんたもぼんやりしてると一生なんてあっちゅう間だよ。死ぬまで一生独身か？　幸せは自分から根こそぎ掴み取るもんなんだよ。進むんだよ」と。

ビュンと北風が母の横顔を刺す。鼻と皺皺の頬が真っ赤だ。頑張ってきた人の面《つら》だなあ。

「あー人生長い！　なーんもいいことない！　パッと死ねないかねえ。全くドブで洗ったような人生だよ！」と。

おい。同じ人なのか？　二度見してしまう。数秒で話がくつがえる。

土煙を被った小さな祠《ほこら》の前を通る。鳥の巣箱よりは大きいか。全体に右に傾いて崩れ落ちそうだ。

「死ぬと言えばさ、先月クリスマスにあんた筋腫で入院したでしょ。ここに毎日手を合わせにきたのよ。死にませんようにって。退院してからもずっと。死にませんようにって」と。

そうなのか……。時系列がおかしい。

五年ほど前の話だ。まだ都内で一人暮らしをしていた頃。確かに私はクリスマスの時期に子宮筋腫の手術をした。

母が「ママなりに行動したんだよ。甘いものも断ってさ、毎朝行水してからここに来たんだよ。そしたらさあ、上手いこと下からおできをポロッと出してくれたよねえ。奇跡ってあるんだよ！　あんたもちゃんとお礼して」と。

「下からポロリ事件に感謝！」という母の号令に一緒に手を合わせる。

恐らくは五穀豊穣《ごこくほうじょう》を願うべき祠に、親子で何を願っているのか。

母の発言の整理整頓が追いつかない。事件でもない。ともかく説明したい。聞いて欲しい。

二〇一六年十二月二十五日に遡る。

入院といっても一週間程度だった。何年も経過を見て決めたことだったが、母にはギリギリまで黙っていた。

電話で母は「開腹？　腹腔鏡《ふくくうきょう》手術？　大事な選択だよ」と真っ先に手術方法を聞いてきた。元看護師の顔を覗かせる。

「腹腔鏡だよ。数ヵ所ちょっと切るだけだから」

「バカ！　お腹切るんだからどっちだって一緒だよ！　下から出してもらいなさい！　赤ちゃんだって出てこれるんだから、筋腫くらい余裕だよ！」

……下から？

「そんな方法あるの？」

「あるわけないだろうバカ！　でも言ったらやってくれるかも知れないだろ？　一か八か奇跡を起こすのが医者なんだから！」

看護師免許を返納させたい。

こうも言っていた。

「もういい！　あんたじゃラチがあかないから病院どこ？　担当の医者教えて！　もちろんママが看護師だってバレないように素人のふりして、先生のプライドたてながら誘導するから！」

誘導……「どこへ？　何を？」

「バカ！　全身麻酔だって皆が皆無事なわけじゃないんだよ！　そのまま死んだらどうするんだ！　麻酔なしで、筋腫を下から産み落とすようにしてください！　うちの娘はそれくらい耐えられます！　って」

無茶苦茶だ。

「もうバカバカバカ！　あんたはいい歳こいて手術とか死ぬということが全然わかってない！　床の間で人生振り返りながら死ねると思ったら大間違いだよ！　だいたいの人がよくわからないまま終わっちゃうんだよ。終わっていいのか？　独身で！　SMだかなんだかテレビに踊らされて！　クリスマスに一人病院でおでき取るの失敗して死ぬのか！　あんた全然幸せじゃない！　幸せが何かわかってない！」

「幸せって何？」

「知るか！　あんたが幸せなことがママの幸せさ！　全部言わすんじゃないよバカ！生きて進めるうちが華なんだよバカ！」

バカの洪水が押し寄せる。もう少しバカを休み休みで言って欲しい。連打されるとわかったよと言いづらい。

最後は「病院に行かないから。ママも頭冷やしたから。祈ってるだけにするから、日にちと病院名だけ教えて」と何度も電話やら懇願メールが来た。

可哀想だったが、手術日だけ教えた。

全情報を渡した途端、病院に押しかけてくると思った。


ふと思う。

あの時の母はもう認知症を発症していたのだろうか。いやまだか。

私はコロナ禍で母の異変に気づいたのだが、急にはならない。

わからない。わかったところでだ。

ちなみに身元引受人は当時の担当マネージャーさんにお願いした。

「えー俺？　やだよー、おまえ死んだら真っ先に俺に連絡来るんだろ、こえーよー」

と。

死なないよ。

「他にいないのー？　誰か男騙してさ、即席で結婚してサインしてもらえよー」

ろくでもない人に命を預けている気がする。

母といい私の周りはこんなのばっかりか。

なんだかんだ言いながら書面に必要事項を書いてくれた。見れば見るほど字が汚い。

「ねえ、お願いして何だけどさ、もうちょっと丁寧に書いてよ」

「え⁉　これ？　俺、死ぬほど全力で書いてるよ。これ以上ないよ」

ミミズがのたくったような……いや、心電図の波形みたいな、かなり乱れた不整脈のような。縁起の悪そうな字だ。

「まじか。死ぬほど汚いな」と言ったら、

「だから～死ぬ死ぬ言うなよー、こえーよー」

……感謝だ。

ガラスのハートのマネージャーさん、執刀してくださった先生、看護師さん、友人のおかげで手術も無事終わった。優しさとありがたさが骨身に染みた。

術後すぐは高熱と、数ミリ数ヵ所切った腹がこんなに痛いとは……朦朧《もうろう》としていた……。

フウフウ言いながら、母に「大丈夫、元気だよ」とメールした。

前のめりで返信が来た。

「あー良かった！　これでゆっくり寝れる！　あー疲れた！　じゃあもう死なないってことで、ママ寝るよ。おつかれさん、あ、お世話になった人にちゃんとお礼言って、あとマネージャーさんに、そうだ！　この際結婚してもらいなさい、うん！　それがいい！」

「バカ」と打とうとした片腕は点滴に、腹は別の管がつながれていた。急にびびる。

また少し意識がぼんやりしてきた。

遠のく前に病人面した腕と指を動かし「マネージャーさん　既婚者　子あり」と打

った。

「万事休す――」とウサギがイヤイヤと首を振る絵文字付きで来た。

なんだか浮かれているな。閉じた瞼《まぶた》の上にホッとした母の顔が浮かんだ。


話は以上だ。

あれが母の頭の中で下からポロリに上書きされたのか。

母が隣でまだ手を合わせている。「長くない？」と声をかけた。母が顔を上げる。

「もう一つお願いしちゃった。ボケませんようにって。ママがボケたらみんな路頭に迷うでしょ。だから」

だから、何だ。

「私、死ななかったから、ママのも叶うんじゃない」

「そうかね。こんな畑のど真ん中で新年早々死ぬ死ぬ何回言ってんだ全く。よし！さあ帰るかね！」

行くんだよ……。

これから病院だよ。進むんだから。

8　地域包括支援センターと冷凍マグロ

二〇二二年一月末。朝食後。

洗い物が流しに溜まっている。食器用洗剤とスポンジを取る。その横に白い固形石鹸がある。皿を泡立てながら、私買ってないけどなあと、よく見たら切り餅だ。

母よ。どんな気持ちでここへ置く……。

ゴミ出しをしようと各部屋のゴミ箱を回収する。

父が二度寝している。眠そうに薄目を開けて「ゴミの日か。燃える燃えないを分別しないとな、SDGsは大事だよ」と。

うるせえ、マジでおまえを再生不可能にしてやるぞと気持ちが荒れる。

姉が作業所に行く準備をしながら「これも～」と紙切れ一枚をよこしてくる。

「ゴミ?」と聞くと「うん」と。

太いマジックで、大きく平仮名で

いつもありがとう　ほんのきもち　と。

紙を裏返すと事務所から郵送されてくる私の給料明細だ。両面ゴミではない。

それにしても、ほんの気持ち程度の額面だなあと改めてため息が出る。

ふと「の、の前にとが抜けてるのよ」と。いつの間にやら母が後ろから覗いている。

?……の？　前？　と？　姉の文字を見返す……ほんとのきもち……ああ、なるほど姉っぽい。

瞬時に姉の気持ちがわかるんだなあ。

母が「それはそうと、こないだ、あんた家族のお金は私が稼ぐから心配いらない。なんも気にせず暮らしたらいいってボソッと言ってたけど、そんなことしなくていいから。自分の幸せを一番に考えなさいって言いそびれてた」と。

母よ。一言も言っていない。言うわけがない。

どんな妄想がその優等生を生み出した。

朝から恐ろしいプレッシャーがふりかかる。

……毎日毎日、何だか私は疲れている。


先日。

そんな私に「チイキホウカツシエンセンターに頼ってみたら？」と友人が電話をくれた。

一つも頭に入って来ない。実家に戻って以来何度か耳にはしている。それまでは存在すら知らなかった。

検索してみる。『地域包括支援センター』……かすみ目なのか老眼なのか。

漢字六文字のとめ、はね、はらいが目に刺さる。おまけにセンター！　とカタカナに何かを撃ち込まれたような気になる。病んでいるのか？　嫌だなあ。

「……私ってさあ、何に困っている人？　だって家族皆変だけどピンピンしてるよ。排泄問題もないし、寝たきりでもないよ。私はどうして欲しい人？」自分の気持ちさえもわからない。

「その気持ちを言うの！　あと要介護認定を取っておいたほうがいいよ。お金も助かるし。申請出しても地域によっては認定がおりるまでに何ヵ月も待たされたりするよ。バタッと倒れる前に準備は必要だよ」と。友人は経験者だ。頭が下がる。

要介護認定を検索してみる。

認定にも要介護、要支援と二種類あることや、そこからも細かい区分があり、それによってサービス利用、限度額が違う等をざっくりではあるが知った。

何かする時は必ず「頭かち割って死んでやる」となる母。

その母を動かすのは気が重い。

「バタッと倒れたら、その時考えるよ」と、せっかくの友人のアドバイスを脇に置いてしまった。

話を戻して昼過ぎ。

母がバタッと庭先で倒れていた。

洗濯物のぶら下がったハンガーを抱えながらうつ伏せに母のようなものが転がっている。急に視界に入ったものを脳が肯定しない。……死んでいるのか？

動揺で昼過ぎの風景がぐにゃりとゆがむ。

「ママ、ママ！　ママ――‼」叫んでいるつもりが吐き出す空気の量が調節できない。声が後追いになる。駆け寄り膝をついたのか、膝の力が抜け落ちたのか下半身に力が入らない。いつだって私は肝心な時にテンパる。だらしがない。しっかりしろ。母の体を抱える、すんでのところで指先がピタッと止まる。

むやみにゆすったらダメだろ？　心臓は動いているか？　落ち着け、母の体を仰向けにする。あ、動かしてしまった。いいのか？　母の胸に自分の耳をあてる。「ママ！ママ！」

先程うろたえていた声が挽回するようにボリュームを上げる。

自分の声で母の心臓音が聞こえない。

人工呼吸か？　そうだ気道の確保だ。ＳＭの時にやった。恰好はふざけていたがロケで真面目にやった。やれる。額に手をあてて顎を引き上げる。呼吸はしているのか。グイッと自分の顔を母の顔に寄せ息の気配を探る。

土色の顔、真っ白な唇……が微かに動いた。何か言っている。か細いこもった声が聞こえてきた。

「……うるさい、生きてるばか……生きてるばか、脱水だ。冷たいタオル、水、ポ……か……る」

ああ、私の好きな声。生きていたのかばか。

後からわかったことだが、脱水だった。

腐っても元看護師。

冬も高齢者は要注意で認知症は補水したかどうかを忘れるようだ。

だがその時の私は、死にかけのババアの自己診断などどうでもよく、

血管が切れたのか？　糖尿か？　何だ血糖値か？　心臓か？　と、ない頭をグルグルさせながら家に駆け込む。

死んじゃう、嫌だ。タオルを濡らし、冷蔵庫から水とぽかる……ポカリか！　あった！

すっ飛んで戻る。

白かった唇がどす青い。悪化しているのか？　どっちだ？　「飲める？」と頭を支え少しだけ起こしペットボトルの先を口に近づける。濡れたタオルをおでこにあてたり汗を拭く。

「……ちがう、タオルの使いかた、ちがう。首か脇。血管あてて。水、ボタボタ垂れる。もっとしぼればか」

弱々しいが冷静だ。しんどそうに最小限の単語、単語を絞り出す。

私は言われた通りに、もっちゃりしたタオルをギュッとしぼり首にあてる。

おもむろに母の右手が私の頬へ伸びてくる。節くれだった指、手の甲は余った皺が大きな幾つもの波をうっている。深い海の中をたくさんのシミが漂っている。なんだ？　この手でどうしたい？　母の指先が濡れている。私の涙がつたっているのか。私は泣いていたのか。拭おうとしてくれている母の冷え切った手をそっと握る。

「……ちがう、タオル。どけろ。これをやるのは夏、冬にやってどうすんだ。首、寒くて死ぬ」

……あなたの、元看護師さんの指示通りですが、なにか。

何より勝手に感傷に浸ったことが恥ずかしい。

ウーウーと唸りだす。

「何？　苦しい？　救急車呼ぶ？」

「ちがう、吐く、体起こして、バケツ、庭汚れる」

庭が汚れるのはどうでもいいだろう。部屋を掃除しない人がこの状態で何を言っている。

そもそもこの小さな庭は何の手入れもせず荒れ放題だ。上半身を起こして背中をさする。

「いい、意味のない、手、役にたたない手、いらない、バケツ」

苦し紛れに、優しさより、確実で適切な対処をと母は言っているようだ。

どこか裏手に汚いバケツが転がっていたなと立ち上がる。

母が「うぇぇぇぇ」と大きくえずく。間に合わない。

私は「わあああ」とテンパり、とっさに両手でお皿を作り素手で受け止めた……。

固まったまま空を仰いだ。

冬にしては柔らかな日差し。風もない。薄い水色の空にフワフワと酸っぱい湯気が静かに昇って行く。どこかで何の鳥だかが短くチュンと鳴いた。

「ばかあ、まるだし、ばかあ、フヘヘくるしい、わらわせるな」と母。

笑わせていない。どちらかというと泣きたい。

年末に姉の粗相掃除でクソにまみれ、年明けて今ゲロにまみれる。なぜ汚物にサンドされなければならない。

散乱している洗濯物を洗濯バサミから引きちぎり拭こうとすると、母が「ダメ、それ、お姉ちゃんのシャツ、拭くならパクソ」

……パクソ……ああ……パパクソの穿《は》き古して伸びきったパンツを取りあちこちついたものを拭う。

洗濯物を選別出来て、パ、一つを端折《はしょ》る母の精神状態がわからない。

フフフ、フへへと母が笑うのを久しぶりに見た。

再び水とスポーツ飲料を交互に、ちびちびでも飲めるほうを飲ませた。

少し落ち着いたか。

泣き笑いの顔で母が私をじっと見る。

「家に、帰りたいよう」と。

出来れば入りたいと言ってくれ。なんだか悲しくなる。

再び走って家に入り、大窓の内鍵を開け、母を抱きかかえ部屋へ入れようとする。

重い。段差四十センチ程度。持ち上がらない。太っている。

「おんぶするから、はい」としゃがんで母に背中を差し出す。

「無理、力ない、できない、脇、両脇もって頭から引きずれ」

母の背中にまわり両脇の下から手を入れて引き上げる。

ふんぬぉぉぉぉぉ!!!　火事場のバカ力である。自分の腰がミシッといった気がした。

構っていられるか。母の上半身が部屋の中に入った。

お尻が窓サッシに引っ掛かっている。あとひと息。あともうちょい。私の頭の血管が切れそうだ。

直立不動のまま仰向けで私に全てを預ける母の姿が、冷凍マグロの引き上げに見えてくる。

ふいに「……まて……はく」とずるずると自ら庭にずり落ちて行く。

ふりだしだ。

ふううっと母が深呼吸し再び私を見据える。困った顔が幼くも年寄りにも見える。

「すみませんが、家に、帰りたいよう」と。

「わかってるよう」笑ってしまう。

「なんで笑う」と母も笑う。

「わからないよう」と二人で泣き笑う。

なぜ笑うんだろう。

十九歳から芸人なのに、今なお、笑うがわからない。

二セット目だ。息が切れる。

「たどりつけるかなあ」

「つれてけ」

どこの外国人留学生と話しているんだろう。

「ふんぬぉぉぉぉ!!!」ありったけの力をこめる。

冷凍マグロが、ちょこちょこ小声で「ホィイ」「セィイ」と変な合いの手みたいなのを入れてくる。半解凍か。黙れ、気が散る。

三セット目はないぞ。またお尻が引っ掛かる。限界だ。くそっ。

「パパ！　パパ！　来てよ!!」

二階で寝ている父にダメもとで叫ぶ。耳も遠い。聞こえやしない。

母が「もういい。おろせ。一人でいけ。もうじゅうぶん、おいてけ」

窓のサッシを越えるだけだろ。家に入るだけだ。国境みたいに言うんじゃねえ。

「もういい。もういい」と笑う。

何で笑う。

「こんな時に笑ってんじゃねえええ！　いいわけないだろおお‼」

お尻が入り足の先まで、丸ごと全部帰還した。

自分で梯子《はしご》外してんじゃねえぞと、ほんとのきもちは言わなかった。

少し嘔吐を繰り返し時間も要したが、なんとか顔色も戻ってきた。

「おかげさんで、よみがえりました」と。

母は昔から、ウチの中でのごめんねとありがとうが下手くそだ。

疲れ果て、後日、地域包括支援センターに電話した。

女性職員さんに家族構成を聞かれ、認知症、ダウン症、酔っ払いは言って、一発屋は隠した。

「と言いますと？」と返されたら、もうどういう感情でか泣き出してしまいそうだったから。たったこれだけのことが精一杯だった。

「えー」「えっと」の多い私に、職員さんが「何からどう手をつけていいかわからなくなりますよね」と。救われる。

日にちを改め、ウチに様子を見に来てくださった。

母姉父三人の健康状態はどうですか？　という形をとってくださった。

案の定、母はよそ行きの笑顔でよく喋った。精一杯の見栄を張っていた。

帰り際、私と職員さんが二人になった。

母の見栄も全部わかった上で、要支援一か、認定が取れない可能性もあると思いますと。

認定には調査員の訪問があることや、今後の必要な手続きを教えてくださった。

「何でもいつでも電話ください」と。ちなみに私が芸人だというのもいつの間にやらわかっていた。

「お世話になります」と私は笑った。

部屋に戻ると、母の怒りが爆発していた。

「全員で寄ってたかってボケたボケたって言いやがって！　あの女の前で頭かち割っ

て死んでやる！　よし！　すみ、バット持って来い！」と。

嫌だよ。手下じゃない。

何であんな優しい人の前でショータイムなんだ。

夜。寝床で母が、隣のベッドで寝ている姉に「ママ、頭おかしくなっちゃった……ね、ママ今、頭おかしいんだよって、おかしい子に言っても仕方ないねえ全く……フフどうしたらいいかねえフフフ」と。

壁も戸も薄情なほどに、母の声をこちらに通す。

笑ってるの？　何で笑うの？

一人で泣かないで。

結局ここで止まっている。

要介護認定も何も取っていない。

これ以上母を動かしたくない。

いや、私がしんどいのだ。

ほんとのきもち。

わかっても、わからなくてもどうしていいかわからない。

9 「大事な話」

二〇二一年二月。朝五時半過ぎ。自室。

「朝から悪いね、これだけは忘れないうちに言っておこうと思って。大事な話」と母が神妙な面持ちで立っている。

寝ぼけ眼のままベッドから急いで上半身を起こす。

「全然いいよ、どうした？」

「台所のガス、カチカチいって火がつかなくなったんだけど、あれは単一乾電池を取り替えるのよ。故障じゃないの。ママ長年主婦やってきて初めて知ったよ全く。こういうの詳しい人がいるんだよ。いったい誰が教えてくれたと思う？」

クイズ。

「……私」

昨日私がガスコンロの電池交換をした。家を守ってきたのは母なのだから、過去にしているはずだ。

「え？　すみ？　え？　うへぇぇぇ！　そうだったっけ？　あらぁ！」

出題者が迷子になっている。

「誰って思ってたの？」

「えー誰か？　忘れた！　まさかのすみだったから。もう嫌んなっちゃう、ママいろいろ忘れちゃうから、あんたの頭の引き出し貸して。そこに大事な話全部入れといて」と。

私の？　頭の中の引き出し？を……シェアするの？　……想像してみる。物がごちゃごちゃと溢れかえり、途中から閉まらない開かないガタガタのそれが一個あるだけだ……。

「ねえ」と口にするも、母の姿はなく階段を降りる音が聞こえる。

……ねえ、入れるにしても今のどの辺が大事？　……とりあえず、寝る。

三十分後の六時過ぎ。

「これだけは忘れないうちに言っておこうと思って。大事な話。家族の命にかかわることだから」と母。

二セット目か。

むくりと起き上がり「ガス？」と先に聞いてみる。

「違うわよ、そのガスで思ったの。非常時にガスも電気も止まったら、何食べていけばいいのかしらって。避難所に行けばいいんだろうけど、お姉ちゃんがそんな知らないとこにずっといられるかしら。まず地震だ洪水だ戦争だってなったら怖がってテコでも動かないよ」

どんな非常時かにもよるが姉に限らず、年老いた認知症と酔っ払いを連れて逃げるのは困難だ。かといって四人分の備蓄を完璧にするほどお金に余裕もない。気持ち程度だ。

「缶詰あるじゃん、サバとか」と言ってみる。

「最後の晩餐にサバァ？」と母。

生きなさいよ。そのための大事な話だろう。

「何が食べたいの？」

「そりゃあ、お姉ちゃんはご飯とか、うどんとか腹持ちのするものかねえ。ママはケンタッキー、パパクソは何でもいいから小松菜と厚揚げの煮物とか」

もはや日常だ。

何でもいい奴のメニューが一番過保護に聞こえる。

母が「でもそうもいかないでしょ、ねえ、例えばおにぎり作って多めに冷凍しとくとするじゃない。で、電気止まって、ご飯解凍されちゃうじゃない。最初はそれ食べて、そのうち臭い、あ、これダメ腐ってるって日がくるじゃない。あんただったら、そっからそれ何日食べられる？」

サバイバル。食べられないよ。なんだそのチャレンジは。

「まず、すみが大丈夫なら、お姉ちゃんもいけると思うのよ」

まず、すみが可哀想。

「パックでさ、乾燥米に水注いだらふっくらご飯が食べられるやつ一応買って棚に入ってるよ。そんなに数はないけど。賞味期限は確か五年だよ」と返したら、

「え！　そんなすごいご飯があるの！　良かった！　これで家族皆少しはしのげそうね。お姉ちゃん自主避難無理、母、父残る、あんたは外へ逃げ切る、これも全部引き

出し入れといて」

……私が、ひとでなし。

「では、では～」と扉をゆっくり閉める母。いつもより優しめに扱われたドア。錆びついた蝶番《ちょうつがい》がキュイイイ～ンと甘えた声を出す。

名もない日曜日の朝。

実家に戻って約半年が経つ。

昼間、時々母が明るい。忘れることにも向き合っているように見える。良い変化か。

でも夜中、母は時々寝言でうなされる。時々？　いや週に一度、二度と増えている。

寝る時はいつも、父の酔っ払った寝息が部屋に充満して臭いので、母は白いミニタオルを自分の顔に掛けて仰向けで寝る。死体に見える。

私はやめて欲しいが母はそれが楽だと言う。

だいたい一時か二時か。皆が寝静まった頃、始まる。

「……助けて……助けて、いやあ、いやあ!!! うぎゃああああ!!!」と断末魔だ。

初めは本当にびっくりした。

殺人事件か、刺されたか、血だらけか、グロテスクな映像が脳から噴き出す。

跳ね起き飛んで母のもとに行く。顔にタオルがかかったすでに検死後の死体のような姿が目に入る。急な終盤。ドラマの録画を早送りし過ぎたような感覚になり混乱する。

「ママ、ママ、起きて、夢だよ、大丈夫だよ、起きて」と声をかけながらタオルを顔から外す。瞼は閉じているのに涙が溢れ顔が歪んでいる。

繰り返し声をかけていると、そのうち「フフフ、フフフ……なに……ちょっと夢見てた」といつの間にやら現実に帰ってくる。

やれやれだ。

「ちょっとじゃないよー、どんな夢見てるの?」と聞く。

「フフフ、鬼が追いかけてくるんだよ。必死に逃げるんだけどね……」と。

母は大概、夢で何かに追いかけられている。

「もぉ〜そういう時は私を出してって言ったじゃん。夢だったら、殴ったり蹴ったり、なんだって出来るよ。まあ……そんな都合よく出てこないか」

「いや、出て来た。すぐ出てすぐ死んだ。鬼に立ちふさがって箒《ほうき》振り回して踏み潰された。バカな子だねえ、もう出てくるんじゃないよ」と涙をハンドタオルで拭う。

……ザコキャラ。

奥から、ふあああっと間の抜けた大きなあくびが聞こえた。酒臭い。父だ。「なんだ夜中に、毎回毎回オチオチ寝れやしないじゃないか」

「オチオチ寝てんじゃないよ、起こしてあげなよクソボケが！」と語尾が険しくなる。

どんな神経をしているんだ。姉は？　姉も寝ているのかなと横に目を向ける。

暗がりの中、ベッドの端に体育座りし、掛け布団を被り小さな雪のかまくらのような中で懐中電灯を握りしめ、自分の顔を下からライトアップしている。「ヒッ」とチビリそうになる。

「すみちゃん、ここ空いてるよ」と。

己は灯台か。……避難場所を確保してくれているようだ。

　母が起き上がり姉の気持ちを包みに行く。

「お姉ちゃんフフフ、何してんのフフフ、ごめんごめん。すみも、パクソボケ老人をまともに相手にしなさんな。耳遠いんだし、こっちが疲れるだけだから。ママもう大丈夫だから、ごくろうさんでした、おやすみ」と幕引きをする。

　……昼間の変化がストレスなんじゃないの？

　……誰の為に変わらなきゃと思っているの？

　変化……パパクソ、パクソ、パクソボケ老人。過去形、現在形、未来形、英語の時制のようだ。どうでもいいことに頭が流されることが止められず、寝る。


　最近父が何気なく私に言う言葉がある。

「すみが実家に戻ってきてから、ママおかしくなったんだよなあ」

　カチンとくる。グサッともくる。

「はあ？　急に認知症にはならないんだよ。寝言は私のせい？　半年前、部屋中ゴミだらけ、冷蔵庫は腐ったもん突っ込んで、ママあんなになるまで放っておいて、あれ私のせい？　ママとまともに喧嘩したらダメだって言ってるよね？　未だに毎日毎日怒鳴り散らして、飲み歩いて、あれもこれも全部私のせい？」

「せいにしてないよ、これは酒も飲んでなく出た言葉のあやだ」

だから余計にポンコツなんだ。

「何回言った？　その都度腹立つから二度と言わないでって言ってるよね、なんで言うの？　忘れるの？　ねえ、パパも認知症なの？」

「バカ言え！　こんなまともな人間に向かって、言っていいことと悪いことがあるぞ！」

「ママは認知症だけど、パパよりずっとまともだ！　おまえがいつも言ってはいけないことを言ってんだよ！」

「言っちゃいけないことを何でも言い合えるのが家族だろう！　おまえってなんだ！初めて言われたぞ！　親に向かって言っちゃいけない言葉！　聞き捨てならないぞ！」

「けっこう言ってる！」

「なんだと‼」

……父とやりあうと、必ず怒りが本筋からズレていく……よくこんな瞬時に自分の言ったことをひるがえせるな。昔からと言えばそうなのだが、呆れたのと、切り返しに戸惑い、そもそも何で揉めているのかわからなくなり、黙る。

「ママの悪夢は、あれは長年の僕を恨んで見てるんだ。僕だって喧嘩したくないさ、でも僕が大嫌いだっていう目で睨みつけてくるんだ！　あの目は本当に僕が嫌いなんだよ！　僕が全部悪いのか？　二度と言うな！」

自爆だ。こちらも迷子だ。

いくら私と父が自責の念にかられたとて家族は幸せにならない。

母の悪夢は容赦ない。

名もない日曜日の夜。

この日私は仕事が遅くなり二十三時頃の帰宅だった。

玄関から部屋へと灯りが煌々《こうこう》とついている。音は、ない。

居間を覗くと、父は泥酔で戻って来たようで、テーブルに座り、茶碗を持ち、中のご飯がこぼれないギリギリのところまで傾け、作り置きの野菜炒めが入ったタッパーに箸を突っ込んだまま、うつむき加減で器用に寝ている。蠟《ろう》人形と昭和の食品サンプルの合作のようだ。

姉もいた。電源の入っていないテレビの前の座椅子に座り、何もしていない。姉の電源もオフなのか……こちらを見ている。

「寝ないの？　もう遅いよ、寝よう。ママは？」

「うん。パパとけんかして、ねたー」……うんざりだ。「そうか、大変だったね、歯磨きして、トイレ行ってから寝ようね」と姉をうながしていると。

「やめ……やめて！　助けて！　すみ！　すみ！　うぎゃああああ‼」と二階から聞こえてきた。

始まった。階段を駆け上がり、母の枕元に寄りハンドタオルを取る。

半目だ。ギョッとする。もはやゾンビだ。

タオルを持った私の右腕を母の両腕がとらえる。触手のように這わせ絡みつく。ギュウッと力が入る……ロックされた？　……生暖かい息と歯が当たる。口が大きく開いた……え……噛む気？　え？　食べるの？　私の腕を？　え？　え？

「待って、待って！　違うよ！　ママ！」

「うああああ‼」と母が言う。私が叫びたい。

腕を上に持ち上げ母から引き離そうとするも、びくともしない。寝ている老人の力か？　母が途切れ途切れに振り絞ったような声を出す。「こうしてやる」？　「ころしてやる」？　発音がどっちかわからない。

死んでも離さないとばかりに、私の腕にぶら下がるようにして上半身が持ち上がってくる。私の腕でババアが懸垂している。

「○△◇※☆‼　にげて、すみー」

だから逃げているんだよ、ママから！　離して！

嚙まないで！　お願いママでいて！

「うああああ‼!」最後はどっちが叫んだのかわからなかった。

嚙まれなかった。

フフフ……フフフが聞こえてきた。

スルスルと母の手が引いていく。私の腕は解放された。

「フフフ……だから、すみは出て来たらダメなんだよ」と。

黒目が戻っている。フフフと泣いている。

「私？　また死んだの？」

「そうさ……すみが鬼に捕まったから、ママ、コノヤロー、コンチクショウって鬼に噛みついてやったら死んだんだ、ざまあ見ろって顔みたら、その血だらけの顔が……顔が……」

声が消えていく。顔を伏せ音を殺しながら泣いている。ハンドタオルを母の頬にそっとあてがった瞬間、

「あんただったー‼」

だあああ⁉　怖い話するみたいな言い方やめてえ……。

「間違えたあ、すみが死んでたああ、もうママは間違えるんだよお、だから、あんたは逃げないとだめなんだよおお」

わかったから。泣かないで。夢でしょう。

……今はパンパンだけど。

いつか整理整頓するから。
私の頭の中の引き出しに、全部一緒に入れていこう。
家族の引き出しにしよう。

10 姉のバタフライ

二〇二一年三月。

姉の誕生日。

「おめでとう。いくつになったの？」と聞いたら、

「永遠のハタチ〜」とパッと顔を上げ、目尻と額にたっぷりの皺を作って笑う。初老に見える。

母が撫でるように姉のショートカットに手櫛《てぐし》を入れる。もう二週間以上、風呂に入っていない。白髪はない。黒々とペッタリと貼り付いた髪が岩海苔のようだ。時折、短い前髪の分け目をかえながら頭頂部の透けた地肌とフケを隠してやっている。

「フフフいいねえ、お姉ちゃんは歳を取らなくて。家に帰ったらお祝いしようね。今日は今から頭のハゲ診てもらわないと。すみちゃんは不潔にしてるからだって言うけど、違うよねえ、ストレスでハゲちゃったんだよね。お姉ちゃんだって毎日毎日感じ

るもんねえ」と。

　姉が神妙な顔で頷く。私のこめかみがピクつく。

「何のストレス？」と、聞きたくもないのに口が勝手にしゃしゃり出る。

　出来るだけ柔和な声を出したつもりだったが、思った以上の作り声が嫌だった。

　ゴクリと喉をならし、真っすぐな眼を私に向け、姉は答えた。

「コロナ」

　……ああ。そう。ハゲるほどに？

　ウチと言われなかったことにホッとする。


　朝九時過ぎ。三人で皮膚科の待合室にいた。姉を真ん中に挟み、並んで長椅子に腰かけている。

「お姉ちゃん、何でお風呂入らないの？　何が嫌？」と聞き少し待つ。姉の間合いは独特だ。

　母が喋る。「やっぱり嫌だ。帰ろう！　ここだけの話、ハゲた医者にハゲを治せるわけがない！　すみ、角が立たないように、コロナ禍だから出直しますって受付にやんわり言って！」

ここだけのボリュームではない。

姉が私に答える。「お風呂は本気出したら入れるんだけど、コロナだから」と。

母よ、姉よ。コロナは印籠じゃない。

それに初診だ。「先生がハゲかどうかもわからないし、ハゲの偏見がひどいよ」と返したら、
母が「ハゲハゲ言わない！　ハゲって言葉で傷つく人のことを考えなさい！」と。

私は顔を動かさず、この待合室に薄毛の男性が数人いることを黙視する。

「ブハァァァ〜」と、あからさまなため息のような音がする。

横に設置された空気清浄機が風を吐き出している。点灯が赤だな……家族三人にレッドカードを提示されたような気になる。


帰りたくない。やっと連れて来たのだ。

昨晩二十二時頃だったか。

母が「お姉ちゃんのハゲが止まらないんだよ。すみ、ちょっと見てくれない？　ど

う思う?」と、突っ張り棒タイプの寸足らずのカーテンをめくり、脱衣所で服を脱いでいる私に話しかけてくる。

「頭のてっぺんがね、気になるね、もう明日こそ病院に行くよ」とそのまま風呂場に入り、折りたたみ戸をカチャリと閉めようとすると、母が手を突っ張り止めてくる。閉まらない十センチの隙間に顔と体の中央三分の一をパンパンに押し詰めてくる。断熱材か。「医者は信用できないから、すみが見て」と。

ど素人の信用度が高い。悪い気はしない。

シャワーを浴び、シャンプーを頭で泡だてながら「もうお姉ちゃん四十八歳じゃん。普通の人より早く老けるとしたらそんなもんじゃない? パパに似てたら遺伝もあるよ。一ヵ月くらい前から毎日見てるけど、ごっそり抜けてる感じはしないよ。でもわかんないから病院に行こう。そっちのほうが安心でしょ」

「あんたがどう思ってるなんか、どうだっていい! 小っちゃくて、太ってて、汚くて、ハゲてる子をママが死んだら誰が可愛がってくれる? あんた無職で、パパクソアル中で、誰がどうやってお姉ちゃんの面倒見るんだ! ママだって八十まで生きていられるかわかんないよ。せめてハゲは食い止めたいんだよ。パパクソに似てる?

あんなふざけた頭と一緒にするな！」

訂正箇所が多くて戸惑う。

父はアルコール依存症ではないし、母は今が八十だ。私はもう……無職でいい……あとは、なんだっけ……整理がつかぬまま沢山の誤認と母の姉への思いが泡となり、シャワーに押し流されていく……。

剝き出しの古い排水口を見つめる。なぜ私は裸で怒られているのだろう。

昨晩のやりとりを思い出しぼんやりしていたら、今、目の前の母が姉に何か言っている。

「誕生日に病院って、ホントすみちゃんってデリカシーないよねえ。

それにしてもお姉ちゃん長生きしてるねえ。生まれた時は一年ももたないって言われてたんだよ。だから必死だったよ。なんたってバタフライ泳げるまでいったもんねえ」と。

バタフライ……唐突に出てきたな。姉が嬉しそうだ。

水泳は全身運動だからと、母は姉をスイミング教室に連れて行った。確か姉五歳、私四歳だったか。遠くおぼろげな記憶が待合室の白壁に映し出される。

ガラス張りでプールが見学できるスペース。

何列かのステンレス製の背なしベンチの一番後ろの端で座ったり立ったりを繰り返しているのが、母だ。四十歳手前くらいか。今の私より若い。

繋いでくれる手が見つからず、母のスカートの腰辺りの生地をギュッと握っているのが、私だ。

母が立ち上がる度にゴムスカートがズルッと下がり肌色のパンツが見える。

「ちょっと！　やめ！　バカ！　ひっぱらない」と手をはじかれる。

……引っ張った覚えはなかった。座っていただけだ。

我が子を見守る親御さん達の後ろで、母は度々パンツをチラつかせ慌てていた。

母の心配をよそに、姉は泳げるようになっていった。

記憶の映像は姉六歳のバタフライに切り替わる。

……私の記憶よ。なぜ母のパンツからスタートする。初めからここに来い。

姉が最初に覚えたのがバタフライだった。両手両足が同時で同じ動きのほうが、やりやすかったのだろうか。スピードはなかったが、ふわりふわりとクラゲのワルツのようで優雅に見えた。

まだ泳げなかった私は姉が特別に見えた。「奇跡だ」「すごい」「天才」と周囲の方々が褒めてくださる姉が自慢だった。


映像が少し早送りになる。

姉は順調に平泳ぎ、クロールと習得していく。背泳ぎで苦戦し始めた。仰向けのバランスが難しいのか、何度も水を飲み、壁に頭をぶつけ、ついにはコースロープに吸い寄せられるように漂流した。

「見てられない」「他の人の迷惑になる」「少しでも近くで」と、母も入会した。

姉の子供教室と同じ時間帯に隣のコースで大人教室があった。

母のクロールは進んでいる気配がなかった。

牛歩のようなクロールの後ろで、大人の生徒さん達の渋滞が出来た。

母もバタフライに挑戦した。泳いでいるのか、溺れているのか、水しぶきをあげ暴れた。助けようか放っておこうか思案顔の先生が常に横にベタづいていた。

飛び込みスタートにも挑戦し、腹打ちして、それを見た姉が泣いていた。

四、五歳なりの私が思ったのか、今の私が思うのか、私は母を見かねた。小さな私がアップで映し出される。

見学スペースで、よそのお母さん方に手作りのおにぎりや麦茶を頂きながら、ぬくぬくと水より陸がいいと、言いたげな顔だ。

レッスンを終えた姉が嬉々とした顔で言う。「すみちゃんも泳ごう！　泳げないパパは死んじゃった！」

……え？　……何て？　……プツンと映像が消えた。白壁に戻る。

視線を感じ横を見る。現実の姉が……発したようだ。

「え？　パパ？　生きてるじゃん」と言ったら、「うん、一回だけ死んだ」と。「……二回はないよ」と返したら、母が「バカ。昔、伊豆でねえ、パパ死んだねえフフフ」と。母は姉のことになると察しが早い。が、私にはわからない。

再び記憶の扉が開く。何だっけ。思い出し切らぬうちに白壁に映像が先行する。

夏休み。伊豆の海に四人揃って家族旅行に来ていた。

頭から全身砂まみれで、レジャーシートに体育座りしている重石《おもし》みたいなのが、私だ。どう遊んだらこうなるのか。泳げないまま私は小学一年生になっていた。

突然。

「お姉ちゃん！」と張り上げた声が聞こえた。重石が見上げる。母だ。顔から血の気が引いている。

なんだ？　母の目線を追うと海に姉と父がいた。

ドーナツ型の浮き輪に体を通しバタ足をしているのが姉。その浮き輪の両端を支え、バタ足に押されているのが父。主導権はどちらだろう。

波がうねり上下している。大きなスライムお化けが、二人の脇を持ち上げ高い高いしているようだ。

「バカ！　泳げないくせにあんなところまで行って！　すみ、ここを動くんじゃないよ」と。遠くに行ってしまいそうで怖かった。「私も行く」

「バカ！　座りなさい！　ママの見えるところで、ここでじっとしてなさい！」と私に背を向けて海に走って行く。

座っていた。

背中でどうやって私を見るの？　と小さな私は今にも泣き出しそうだ。

　母は波をかき分けかき分け、海をまたぐように姉のもとへ駆けつける。胸の深さくらいのところで何か父と怒鳴りあっている。

　姉の乗った浮き輪ごとひったくり、浮き輪紐を引きながら戻って来る母は絵本に出てくるガリバーのように見えた。

　ガリバー越しに父が消えた……いない……いや、いた。

　波間から顔が出たり出なかったり、手をバタつかせ水しぶきをあげ暴れている。母のバタフライと同じだ。でも、あれは溺れている。

　私は声が出なかった。

　ただ見ていた。

　必死でもがき、寄せては引いての波に翻弄される父の横をよその子供がバシャバシャと走って通過しビーチボールで遊び始めた。父が立ち上がる。いつからか浅瀬だ。ざんばら髪の真ん中に毛のない父がゲホゲホ言いながら砂浜に上がってきた。

　流れ着いた河童のようだった。

「僕が泳げないの知ってるだろう！　お姉ちゃんの浮き輪に摑まってるのに、それ持っていかれたらどうにもならないだろう。僕が溺れて死んでもいいんか！　見殺しにする気か！」

……それは私だ。母は見ていなかった。

母が返す。「子供が死んでもいいんか！」

「死なないところで遊んでただけだろう！　遊泳区域だろう！　足の着くところだ！　それをオーバーにおまえが血相変えて！」

「かなづちがダウンの子連れて！　腹立ってどうにかなりそうだよ！」

「お前たちは泳げるだろう。何のために習いに行ってるんだ。僕の給料だぞ！」

「稼いだって殆《ほとん》ど飲み代じゃないか、私だって働いてるんだ、切り詰めてやりくりして習いに行ってるんだ。子供の人生広げるためにやってるんだ、文句言われる筋合いはない！」

……家族って生臭い。

どう収束したかは忘れてしまった。もういい。記憶のトンネルを閉じよう。

……閉じない。まだだ。

若い母が「どっちか一人しか助けられないなら、ママの両手はお姉ちゃんだから！　あんたに片手も貸してあげられない時があるの。それがお姉ちゃんなの。それがママなの。わかる？」と、父ではなく、私に言っていた。

私が泣いた。「ずるいよぉぉあぁぁー、お姉ちゃんばっかりぃぃ、お姉ちゃんばっかりぃぃ褒められる水泳なんて！　絶対やらないんだからあぁぁぁ！」

……ああそうか。こちらが本心だった。嫉妬だったたか。記憶が都合よく上書きされていた。

父が吠えた。「子供にわざわざ言うことか！　すみ、パパがいるよ。パパも泳げないよ。一緒だね、大丈夫だ」と私の頭にふわりと大きな手を置いた。

ワンワン泣いた。「いやだ〜、いやあだあぁ〜〜、河童になんかなぁりぃたくないよぉぉ」と父の手を両手で摑みぶん投げた。

……ガクンと肩関節が外れたように、かしいだ河童が呆《ほう》けた顔で立っていた。

誰かが、私の手を握った。姉だ。

柔らかい摑みどころのない手だった。

骨はあるのだけど、それを感じない、私と違う……はかない手だった。

まだまだ嫉妬に狂ってはいたけれど、その手をぶん投げることが出来なかった。

反対側の手を母が握った。

父のメンタルが一回死んだに違いない。

泣き疲れて寝てしまった私をおぶったのは父だった。

「すみちゃん、すみちゃん起きて」と四十八歳の姉が呼んでいる。寝ていたのか。

診察だ。

どちらかというと薄毛のおじさん先生だった。

「見た限りですと、ストレスの抜け方ではないと思います。まず、不衛生にして毛穴が詰まったり、湿疹ができたのを掻いてしまったりがあると思います。加齢もあるので一本一本が細いんですね。ですからボリュームがなくて少なく感じてしまうと思いますが、生えてきている毛もありますから。そんなに心配しなくて大丈夫ですよ」と姉に微笑みかけてくれた。

塗り薬を処方してくれた。

帰り道、母は言った。

「藪医者め」

何でだよ。

母が姉の手を引く。

姉が振り返り、私の手を引いた。

筋肉量の少ない姉が魅せたクラゲのワルツを思い出す。

私の自慢のお姉ちゃん。

我が家で一番小さな、大きな手。

11 ホタルイカ

とある日。

母が冷蔵庫の扉を開け首を突っ込んでいた。家電にババアが飲みこまれている。ピーピーピーと被害者はこちらですとばかりに警告音を出す。「開けすぎだよ、何してるの？」と私は後ろから声をかけた。

「ああ。作り置きのタッパーがいっぱいで……おんなじような新築が並んでるみたいで。ウチの景色じゃないねえ。ラベル見ているうちに……なんか……全部わからなくなっちゃった」と何も取らずにパタンと閉じた。母と、私がしょんぼりした。

実家に戻ったばかりの頃の、とある日を思い出す。

私はガス台の下の扉を開け首を突っ込みフリーズしていた。真っ黒に焦げたヤカンとフライパンと鍋が乱雑に奥に押しやられている。「何これ？」と母に聞く。

「ああ。パパクソが酔っ払って、ポットあるのに、夜中に湯沸かして忘れて焦がしたヤカン、でも大丈夫だったよ。あと、パパクソが酔っ払って夜中に焼きうどん作って忘れて燃えたフライパン、これは問題ない。ママはいつもタイマーかけてるから安心で、三十分にセットして水入れるの忘れてイモ茹でて空焚《からだ》きした鍋。もう終わったこと！」と。

全て火事未遂ではないか。そして終わりではない。これからがより問題だろう……。父に至っては昔から数回やっている。私も目撃したことがある。その度に酔っ払っているので全く記憶にないか、ないフリをしているのか。いずれにしても「僕は一度もやっていない。濡れ衣だ！」と主張した。母がしっかりしていたから大ごとにならなかった。未遂だってダメだ。

ゴミ回収日に全て捨てたら、業者さんより先に母が回収した。

「よくもやったな！　ゴミじゃない！　まだ使える！　なんでもかんでも捨てやがって。そのうち親も姥捨山《うばすてやま》に捨て去る気だろう！　さては、あんたか！　このフライパンを燃やしたのは！　バレたくなくて隠したんか！」と。濡れ衣だ。これっぽっちが一歩も前に進まない。

安いＩＨも考えた。でも母はもう新しいことを覚えるのは難しい。

これからたくさんのことが出来なくなる人に、まだ出来ることを「やっちゃダメ」と……言いたくなかった。甘いのはわかっている。言ったとて言われたことを忘れる。

「自分のぶんを作り過ぎちゃった。余ったのタッパーに入れたから食べて。いらなかったら腐っちゃうから捨てるよ」と言ってみた。

「捨てる？　ゴミじゃない！　食べるよバカ！」から始まった。少しずつタッパーを増やし、拒まれ、お互いブチ切れ、しれっと増やしを繰り返した。だんだん家族皆食べるようになり、やがて冷蔵庫が整理整頓されたタッパー王国になった。私は、その景色を見ては悦に入っていた。

それだけに、今、冷蔵庫の新興住宅街に気圧された母を見て……思いやり？　思いあがりかぁと……気にはしたが、ではどうしたらいい？

そして、またとある日。

私はホタルイカの酢味噌和えを作っていた。

「ねえ、ママー？　イカの目と口と背骨取ると口当たりが全然違うんだってー。半分お願いしていい？」と声をかける。

「えー、あんたこんなチマチマしたもんばっかり作るから、器の小っちゃい人間になるんだよ全く、これかい？」と、ボウル二つにそれぞれ食べるほう、捨てるほうとチャッチャと分け始めた。

「ママ、こんなのやったことないよ、目はまだしも、イカに背骨はないだろう？　え？　透明？　色のないものをどうやって見るの？　あん？　心の目？　それどこの目？　ママが言うことじゃないけど、老婆心ながら、あんたお笑い向いてないよ。いい加減目覚ましなさい。これ、もう主婦の勘でいいね、よし！　出来たよ！」と。

「ありがとう」と覗いてみる。意外と出来ていた。「え！　すごい！　初めてでしょ？」

「主婦何十年やってると思ってるの。ほれ、この味噌ダレとワカメとあんたが分けたイカと、ママのと全部混ぜたらいいかい？　やってしまうよ」と手際よく私が分けた食べるほう、捨てるほう、母のもザザァーッと全部一緒くたにし、いっきに和えた。

「わあああ！　だぁぁめぇぇ……じゃないけど、だぁめぇ……」

「何が？」とキョトン顔の母が、ただバラバラになっただけのホタルイカを主食のようにどんぶりに盛り、姉と父に「はい、今日はすみ特製の何かが違う酢味噌和えです」とドンと食卓に出した。おかず一択。昔からの実家の景色。

洗いものをしていると、居間から父が「ホントだ、何がどう違うかはわからないけど、美味しいよ」と。

……どうでもいいコメントをありがとう。

ふと、母の箸が進んでいないのがチラリと見える。珍しく申し訳なさそうな顔を向けてきた。

「酢があんまりね……酢漬けとか、あんたが体にいいって言うピク……ル……なんちゃらも、外国人ぶってるの、ようは酢だろう？　……ダメじゃないんだけど……ダメでいいかなあ。苦手だよう。ママ、あんたが作るどうでもいいラーメンがいい」

私と、母も笑った。

何も解決していないけど、できる限り一緒に考えよう……はダメじゃないよねえ、ママ？

12 ママ速報

二〇二一年六月末、朝五時。

ここ数ヵ月毎朝必ず「ママ速報」と題し、「昨日のコロナ感染者、東京〇人、千葉〇人」と母からメールが届く。昨日という時点でママ速報には時差がある。

その後立て続けに「もう東京？　手洗い、うがい、マスク、人用心ね」と。

私はその二通のメールを実家の二階、自室のベッドで受け取る。

一階から遠慮がちに絞ったテレビの音が薄い壁と階段をつたい、ぼんやりと聞こえてくる。我が家のコロナ番長の朝は早い。

少し早いが私も起きる。のそりのそりと階段を素足で降りる。

実家に戻り、一年が経った。何が変わっただろう……母の忘れる速度は早くなった。私も、きっと母自身も気持ちが追いついていない……階段の終わりに気づかず、エアーの階段を踏み、足がカクカクンと空回る。

目線の先に母が突っ立っていた。

思いつめた顔で大きめのキッチンバサミを胸に握りしめている。刺激してはいけない気がした。

「……何？　どうした？」と平常心を装って出した声がカスカスだ。

「……こっちのセリフだけど」と同じトーンで返ってくる。

「……何が？」

出がらしと出がらしが会話しているようだ。

母が「……だって……仕事に出かけたはずのすみが！　急に現れたから！　ドキッとして心臓痛くて、あ——びっくりした！　スリッパ履いて！　音と気配を出しなさい！　朝っぱらからやめてよもぉ～！　死ぬかと思った！」と。

こっちのセリフだ……やめてよもう。死ぬのかと思った。私の見当違いも甚だしい。

玄関の花瓶に花を挿しなおしていたようだ。床に新聞紙を敷き、傷んだ茎先をハサミで切り落とし、枯れた花びらや葉を間引きバランスを整える。

私がちょこちょこと買ってくる色も大きさもバラバラの花を上手くまとめる。欲を言えば剪定《せんてい》バサミを使って欲しい。

「そのまとめる才能すごいよね」と言ったら、

「そう才能あるんだよねえ。ママが子供の頃に近所のおばちゃん達の中に花を活けるおばちゃん先生がいてね、ママよりもっとおばあちゃんだったからおばあちゃん先生だね、ママのお母さんに当時はまだ若いおばさんだね、そのおばさんと近所のおばさん連中に混じって教わったんだよね」

ババアが何人出てきたかすらわからない話……。

一年前の実家はちょっとしたゴミ屋敷だった。その中で粗大ゴミのように埋もれていた母が、花をいじっている。カビと砂でジャリジャリしていないサラリとした床を私の素足がかみしめる。

今日一日分の作り置き、洗濯、仕事に行くための準備等でバタバタしていると、母もバタバタと私の後ろをついてまわりお喋りが止まらない。

聞き流すのが習慣になった。母が「どこにでもいきくさったらいいんだ！」と急に声を荒らげる。

「え？　何？　誰？の話？」と反応すると「パパクソに決まってるでしょ！　あの酔っ払い！」と返ってくる。……生き腐るかな、行きっぱなしで腐ったらいいを縮めて言ったのかな、中々日常で使わないよななどと思っていると「ほれ、無駄口たたいてると遅刻するよ」とその口の主犯に促される。

朝七時過ぎ。玄関先で靴を履いていると、母が見送ってくれる。

「あんたが忘れ物しないようにメモ書いといたよ。毎朝それチェックすればいい」と。

下駄箱の上にB5の白い紙がガムテープで留めてある。ほぼインクの出なくなったマジックで書いた炙り出しのようなメモを母が朗読する。

「一、いざという時の小銭
二、マスクと傘と携帯
三、詐欺にはひっかからない」

三は母自身の戒めだ……。

そして「オッケーかい？　今日は本屋でバイトよね。駅前でしょ。東京はコロナでいっぱいだから、こっちなら安心ね、いってらっしゃい」と。

いつから私はフリーターになったのか。なぜ本屋なのか、小さなわからないにも慣れ「いってきます」と家を出る。

チュン、チュンとどこか低いところで鳥が鳴いている。

パタンシュ、パタンシュッとサンダルのこすれる音が後ろから追ってくる、母の音だ。気忙《きぜわ》しい。

振り返り立ち止まる。

音が先行し、ようやく母の姿が見えてくる。

「雨、降ってきたよ、傘持っていきなさい。ほれ、あ、傘持ってくるの忘れた」と自分の手と私を交互に見つめる。

ミストよりも柔らかい霧雨が、産毛のように母と私をそっと覆い始める。

「さすほどじゃないよ。折りたたみあるし。大丈夫、ありがとう」

足元を見るとスリッパだ。

「サンダル履いてきてよー」

「あとで拭くから。そんなことどうでもいい、風邪ひくよ、傘さして」

あとでは忘れてしまうでしょ。

「うん」と言いながら全くさす気のない手をバイバイと振り歩き出す。

住宅地と畑を抜けて曲がり角で振り返ると、まだそこにポツンと母はいた。……なにかジタバタしているような……目を凝らすとスリッパで大袈裟に足踏みをし、手をグーにして腕を胸元から上へと繰り返し動かしている……？　……ああ……傘をさして歩けというジェスチャーか。雨の中、婆さんがはしゃいだ鼓笛隊の指揮者に見える。

私は掛けカバンから折りたたみ傘を取り出し、あるよと突き上げて見せ、その手でもう一度大きめにバイバイと振った。再び歩き出す……ふと涙がこぼれそうになる。去年にはなかった朝、いってらっしゃいが聞けるようになったではないか。前向きか後ろ向きか、何の涙なんだか。

バッグの中で携帯が鳴った。「Re：ママ速報」母からだ。中身を開く。「ごめーん、スリッパで、おっきな毛虫ふんじゃったあ！（ウサギのイヤイヤと動く絵文字）」

……あれは、ただのジタバタだった。

私のセンチメンタル、穴を掘って埋めたい。


仕事を終え二十二時過ぎに帰宅。母が寝込んでいた。

「風邪引いた、だるいだけ、たいしたことない」と。今朝の雨でか？　……もっと前からか？　本当に風邪か？　母姉父の三人はつい先日、コロナのワクチン接種を二回済ませてはいる。

だるいだけにも見える……どこか違和感がある。フワリフワリとした顔？　喋りか？　間か？　何だろう……何かがおかしい。

いや、また私の過剰な見当違い発令か。

ふと、母の枕元やベッドの足元に何種類かの、薬袋、箱からはみ出たプラスチックの錠剤シートが散らばっているのが目に留まる……シートの殻が……多い。

それらを回収しながら、母から話を聞き出しているうちに、どうやら夕方、家にあった市販の解熱剤を飲み、それを知らずに父が、以前どこかの病院でもらった自分の風邪薬の余りを母に渡し、それも飲み、姉が病院で定期的に処方してもらっている睡眠導入剤と下剤をも誤飲しているようだと分かり、サッと血の気が引いた。

どうしよう。まず……なんだ……何をすればいい？

時間的にも吐かせるのは無理だ。

急いで体温計を持ち出し「熱測るよ」と母の脇に滑り込ませると「熱なんかない！コロナじゃない！　こんなもん！　エイ！」と取り出し壁に投げつける。カレンダーにパシッと当たり床に落ちる。私が拾って、母が投げる。ダーツじゃねえんだ。

「脇じゃなくて口でもいいよ、口開けて」と言うと「イ――！」と子供のように歯を食いしばり、私の手から体温計を掴み取り、投げ捨てる。早くも匙《さじ》を投げたい。

夜中だが、かかりつけの病院に電話してみようか、それとも保健所か。何て言う？「体温計を投げる元気はあります、でも変なんです、いつも変だけど、変が違うんです」違う違う、「薬を誤飲してます」だ。

何を？　どれだけ？　何時間前に？　確かなことがひとつもない。気ばかり焦る。

母が枕に突っ伏しながら「コーヒー飲みたい」と。

……やはり、取り越し苦労か？

飲めるならなんでもと慌ててインスタントコーヒーを持って行く。「ホットだよ、ブラック。水もお茶も何でもあるよ」と母が体を起こすのを手伝いながらマグカップを手渡す。

ゴクンゴクンと音をたて三口ほど飲み「ウェェ。飲みたくないー。ウェェ。どうだ、わかったか！　味覚、嗅覚あり！　コーヒーの味わかるから。ママ、コロナじゃないから、救急車呼ばないでちょうだい！」

コロナ番長、毎日のワイドショー情報で必死の抵抗を見せる。

「救急車呼ばれたくなかったら熱測って！　自分でできるでしょ！　無理やり脇摑まれて力尽くで押さえ込まれたいか？」と体温計をアイスピックのように持ち母の目の前に突きつける。私だって必死だ。

母は「くぅぅ！」と絞り出すように呻《うめ》き、一ミリの隙もなくギュウッと両脇を締め、目をつぶり、天を仰いで、ぽっかりと口を開けた……どういう気持ちなんだ。口の中にそっと体温計を入れ顎を軽く触ると、ゆっくり閉じた。

三十六度四分……。

逆にどうしてよいかわからない。

母が鬼の首を取ったかのように「思い知ったか！　散々騒ぎやがって！　偉そうに！　何様だ！　やることなすことぜーんぶ間違いだらけなんだよ！　あっちいけ！」と吠え、頭から布団をかぶった。

……あっちには行かなかった。

平熱であろうと、どんなに見当違いであっても、何か変なんだ。

電気を小さい灯《ひ》にして、少しだけ距離をとり床に座り込んだ。何もしない、ただじっとしていた。

どれだけの時間そうしていたのか。短いのか長いのか。静止画のようにそこにいた。

いつの間にか母が布団から顔を出していた。

どこを見ているというわけでもない。

ポツリポツリとお喋りを始めた。

「もうすぐお姉ちゃんと出て行くから。市営住宅は抽選でね、今年はもう終わっちゃったんだって。来年ね。そしたらあんたも頭かち割って死なずにすむだろう。あんまりいい家庭環境が作れなくて悪かったねえ」

「あんたサドルがボロボロの自転車乗ってるでしょ。ママのあげるから。あれは電動だから楽よ。あれくらいしか残せるもんがないねえ」

「うそばっかり。玄関の花、貰ったって言うけど買ってるんでしょ。人生で生まれて初めて働いた最初のバイト代だろう。本屋は安いでしょ。自分のことに使いなさい」

「ママはワクチン打たなかったから、こんなことになったけど、お姉ちゃんはなんとか打たせてやってね。パパクソは多分自分で病院くらい見つけられるから放っておいていい。もう一人、娘がいたと思うんだけど、元気だろうか」

……？

いつの間にか顔だけこちらに向けていた。私をじっと見ている。見返しても、黒目の奥まで覗いても、どういう感情の顔かわからない。ここにいるけど、ここにいない、この顔……あの時と一緒だ。実家に帰ると決めた日。ゴミの中にいた、私を不安にさせる壊れたブリキのおもちゃのようなもの。少しの沈黙のあと……穏やかなほほ笑みを浮かべた。……ほほ笑むの？　……そして再び喋りだす。ヒィィイッと声を上げるタイミングすら逃す。

「東京にいるはずなんですけどねえ、コロナを甘く見たらダメだって伝えてもらえます？」

「……すみだよ」と返す。

「……そう……すみこ。ああ、こう言えばいい。孫抱いたら、ママいろいろ治ると思うって伝えてください。これが一番こたえるはずだから」

こたえた。

……スゥゥと寝息が聞こえてきた。

そっと部屋を後にし、フゥゥと身体中の空気を吐き出しながら階段を降りた。干し柿みたいに萎《しぼ》んだ。

下に降りると居間にほろ酔い加減の父がいた。「ママは大丈夫なのか？」と聞いてくる。

自分で見て来いと言いたいが、ここにエネルギーを使いたくない。

「今寝た。様子見だけど、急変したら救急車呼ぶかもだから。パパついて来ても足手まといだし、お姉ちゃん一人残すわけにもいかないし、一緒に留守番しといて……今、ママ、私のこと忘れたよ」と要所要所に嫌味が溢れた。

「そうかあ。でも今日のところは薬が言わせたんだよ。薬が切れるのを待とう。この先もっと壊れていくとしたら、今回のは今後の予行演習と思ったらいい。こっちも強くならないと」

ぶっ殺したいと思った。こんな予行演習があってたまるか。どこにでもいきくされ。日常で中々使わない言葉を呟いた。


一時過ぎ。日をまたいでいた。

脱衣所で服を脱ぎ、風呂場で湯をはるボタンを押した。

膝を軽く曲げて入るスペースの浴槽におさまり、溜まっていく湯を待つ。まだ足の甲すら埋まっていない。裸になるのが早すぎた……と、やっと思う。壁の四隅に下から生えてくるような黒カビがある。実家に戻った時から、どんなに掃除しても取れなかった。ふううっと見上げると換気扇の柵にこびりついた黒カビと目が合う。ピピッ、ピピッとお知らせ音が鳴る。一年聞き慣れた「モウスグ　オフロガワキマス」の機械音を一緒に唱えたら、上を向いているのに後ろ向きな涙が溢れた。

「すみ、すみー、大丈夫か？　パパ、ちょっと心配だ。変なふうに考えたらダメだぞ、すみ？　すみー、聞こえるか？　聞こえたら返事してくれ」と風呂のすり戸越しにマヌケな声がする、父だ。

変なふうってなんだ。

「聞こえてる」と返すも「すみー？」と耳の遠い聞こえていない父がドンドンとドアを叩く。

「聞こえてる！」と返す。「すみー、早まったらダメだぞ、すみー、溜め込んだらダメだ、吐き出してごらん、すみー？」

死ぬか。見当違いも甚だしい。

「聞こえてる‼　誰の心配してんだ！　今一番心配なのはママでしょ？　向き合え！

……何でママは！　……何でママは！　私を一番最初に忘れちゃうの？　せめてパパ

が先、私が後だろ‼」

「えー？　もう一回言ってくれないか？　全然聞こえない」

特に後半、二回言えるか。吐露した私の根っこはしょぼい。浴槽から立ち上がり、戸の隙間を開け「うるさい！　もう出るから！」と酔っ払いを追い払った。

背中越しに、タラララ～タラララ～「オフロガワキマシタ」とクラシック音と共にお知らせが響いた。


朝五時。

いつもの「ママ速報」が届き、寝込んでいたはずの母が玄関で花瓶の萎《しお》れた葉を摘んでいた。元気そうに見える。化け物か。

「大丈夫？」と母が言う。

こっちのセリフだ。

「……何が？」と私が返す。

「顔色が悪いよ、目もちーっこくて。なんかあった？　ああ！　本屋のバイト、とうとうクビになったか！　あんたみたいな歳でどこの馬の骨ともわからないのを雇うほうだって大変だよ。仕方ないさ。花買う無駄遣いやめなさい。ウチにいたらいいさ。あんたんちだよ」と。

……どこかのネットか本に書いてあったんだよ。

徘徊《はいかい》が始まった時、靴を履く目線のところに花があったら一瞬足を止めるかもって。また私は見当違いなことをしているのだろうか。

一年経って思うんだ。花は置きたいな。

止まって欲しいんだ。ママのウチだよ。

どこにも行かないで。

13 私の大事な話

とある日。

「ママ、ちょっとでも、具合悪いとか、困ったことがあったらすぐ電話して。出れなくても何かあったってことはわかるから」と念を押していた。

「はいはい。大丈夫よ。いつ何が起きてもいいように、ママの携帯、緊急ボタン三個あるもん。これワンプッシュ?でいいのよ。順番に登録してあるよ」と老眼鏡をかけピッピッと設定画面を表示してみせる。「ほれ、①お姉ちゃん②パパクソ③すみ」

①と②を経由している間に死ぬだろう。

「③までいけないよ。③なんておまけみたいなもんじゃん」と言ったら、

「フフフ。おまけなんて思ってないよ。前はあんた東京に住んでたから。ママ死にそ

こなってる時に電話してごらん？　あんたびっくりして慌てて、こっちに帰ってくる間に事故で死ぬから。だからこれでいいんだよ」

……母の中の私は、大概死んでいる。それとなんだその寂しい判断は。

「……設定かえようか？　それか、最初から③押してよ」

「いい、いい。だって最後にお姉ちゃんと話して、ママの声聞かせてやらないと可哀想だろう？　それでまだ息が残ってたら、パパクソにすみに絶対迷惑かけるんじゃないよ！　って。これくらいだったら一息で言えるだろう」

……そこまで想像しての、この順番なの？

「ねえママ、大事な話ね。意識もなくて、死ぬかもってなった時どうしたい？　延命したい？」

「ええ？　うーん、その時になってみないとわからないねえ」

その時じゃ遅いでしょ。「家族の判断になったら、私だよ」

「えぇー？　うへぇぇ、三番のくせにー⁉」

やはり私と、私の大事な話を軽く見てやがる。

14 花火とぎゃくたい

二〇二一年七月某日朝五時。

「ついにお手上げだよ、もう無理だ！」と汗だくの母が私の部屋に入って来る。「はぁぁぁ」と壁を背もたれにし、ズリズリッと力なく座り込み天井を見上げ、暫《しば》し無言。

そして、ちらり、またちらりと布団から起き上がらない私を盗み見ては、ひとつ大袈裟にため息をつく。

……なんだろう。この朝っぱらからゲリラで始まるババアの三文芝居……とはいえ母に演じている気はない。真剣だ。私は暗転したがる瞼を辛うじて開けている。

母が床と膝に手をつきながら、よっこいせと立ちあがる。ちょこまかと近づき私の枕元でピタリと止まる。ロックオンされた。

「今日お姉ちゃん、病院の健康診断で、朝一番の尿がいるんだけど、説明書何回読んでも取り方がよくわからないんだよ。最近のは画期的で？　尿が手にかからなくて清潔だとか？　もう容器まで今どきにされたら私ら年寄りはどうしたらいいんだか。ちょっと見てくれない？」と説明書と検尿キットを差し出してくる。

尿より母に手がかかる。

起き上がり、おみくじのようなそれを開く。

字が小さい。「老眼でぼやけるなあ」と手順のイラストを頼りに、キャップの付いたスティックタイプの穴の開いた容器をいじってみる。

「そうなのよ！　だからママ最初っから読んでない。え？　あんたもう老眼？　容器貸してみ、全く世話がやけるねえ」と。どうしてだか立場が逆転する。

説明書をろくに見ないのは血筋だろうか。

「とりあえず中身が入ればいいでしょ。私、やろうか？　多分できるよ」と言ってみる。

「できないさ。お姉ちゃんがあんた相手じゃ、絶対出すものも出さない。もう決めた！　もしダメだったら病院行かない。一生どこにも行かない！　ああそうさ、極端さ！　イライラしてるさ！　なんでかわかるか!?　ママはね！　朝からずーっと！

自分のおしっこを！　我慢してるんだよ！　もういいかな？　もれるぅぅぅぅ」と小股で去って行く。

……愛おしいものを見た気がした。

朝九時。

台所で作り置きのおかずをタッパーに詰めていると、玄関先で母が「病院！　もう大遅刻！　お姉ちゃん！　早く靴履いて。何、手に持ってるの？　タオル？　違う、マフラー⁉　この暑いのに！　季節は夏！　バカタレが！　巻くんじゃない。あせもができるだろうが。待ちなさい。マフラー外しなさい！　待ちなさい！」

バタンとドアが閉まり「待ちなさい」が遠ざかって行く。

「すみー！　すみー！　ちょっと来てー！」……と、どこからでもよく通る声がご近所さんにこだましている。ご指名を拒否したい。

様子を見にサンダルをつっかけドアを開ける。強い日差しと昨日まではなかったセミの濁音が飛び込んでくる。目をチカチカさせながら前方を見る。すぐ前の公道でマフラーを握った母と、前かがみで胸の前で腕をクロスさせ涙目の姉を確認する。姉よ。追いはぎにでもあったのか。

「すみ！　お姉ちゃん見てて！」と家の中へバタバタと戻って行く。

……私と姉で顔を見合わせたまま立ち尽くす。

程なくしてドアが開く。そうっと、目線の高さに片手で紙コップを持ちながら、母は現れた。

「肝心なおしっこ持って行くの忘れるとこだった！　取り方がわからなかったから紙コップにしたよ。ちょっとそこまでお届けしてくる」とスープの冷めない距離じゃないんだ……待て、待て、「待って！」

母が振り返る。

「え？　何？　あ！　そうか！　ママも今思った！　ラップね。少量だけど、フタしておかないと万が一があるね。あ！　あとマジックで名前ね、書いておかないと誰のが誰のやらわからなくなるね、皆まで言わなくてもあんたが思うだろうことは、ママもとっくに思ってるよ」と。

私が思うところがゼロだ。

紙コップを回収し「待ってて！」と、家に戻りトイレに駆け込む。採尿が終わった容器が、名前のラベルも貼られ、付属のビニールに入った状態で床に転がっていた。字が達筆だなあ……とっくに、やれているではないか。それを持って外へ出る。いない。走る。さほど進んでもいないところで、丸っこい小さな背中が二つ並んで歩いているのが見えた。

「ママ取れてたよ～。完璧！　こっち持ってって～」

振り返った母と姉が「ああ良かった！」「あったの⁉」「バンザーイ！」とハイタッチと拍手で迎えてくれる。たかが尿。されど尿か。

一緒には行かず、その場で「いってらっしゃい」とふたりを見送る。

頼る人がそばにいると認知症の進行は早いと聞く。

全部はやらない。全部はできない。

別の日の朝五時。

「我が家始まって以来の一大事、途方に暮れる……聞いてくれるかい？」と。唄い出すのかい？　と聞き返したくなるような、新手の流し、いや母が入ってくる。

「健康診断の結果！　悪いとこどっこもないって！　悪いの頭だけ！　それなのに！　夏休みにお姉ちゃんどっこも行くとこない！　誰も連れてってくれない！　思い出がひとつもない！　お金ない！　風呂に入らない！　言うこときかない！　ない！　ない！　ない！　何にもない！　あの子は何のために生まれてきたのか！　哀れだよ！」と、急にビックリマーク『！』というバットを構え、ブンブンと振り回したような騒ぎかたをする。気持ちのコントロールが難しいのだろうなあ。

どの、ないが一番嫌なのか。

「旅行、行く？」と聞いてみる。

「こんなコロナの真っ最中に！　お姉ちゃんをどこ連れて行く気だ！　非常識が！」

正解がわからない。

庭で花火をすることにした。これならある程度の、「ない」が、クリアになるか。

夕方。

スーパーで姉が喜ぶ顔を思い浮かべながら、手持ち花火セットと、母の好きな線香花火も多めに買い込んだ。

戻ると母と姉が「風呂に入れ！」「入らない！」で揉めていた。見慣れた光景。二階の幅の狭い階段先でやっている。

「ゲンコツ入れるよ！」と母が自分の拳にハァーッと息を吹きかけ、指を広げ手のひらで頭をはたいた。姉が母の膝を蹴った。どちらもたいした力ではなかったが、母がよろけ尻もちをついた。手をついたすぐそばに据え置きの懐中電灯があるのを、姉が見やった。一瞬のことだった。いつもおっとりな姉が、体勢をサッと低くし懐中電灯をさらい握りしめ、母の手の甲と、頭を続けざまに殴った。鈍い音がした。覆いかぶさる姉に母の体半分が後ろに引けた。そこに床はない、危ない、落ちる！　私は母を後ろから支え押し戻し、姉から懐中電灯をとりあげ、母から引きはがしどつき倒した。

手加減はした。気をつけた。殴ってない。どんなに自分に言い訳しても、弱き者を、私はどついて床に転がした。「ママが死んだらどうするんだ！　今度やったら許さないよ！　ママを蹴ったのは初めてじゃないでしょ！　パパにはしないでしょ！　ママだから、勝てると思ったんでしょ！　すみちゃんはママみたいに優しくないよ！　怖いんだよ！」と、言っても仕方のないことをまくし立て威圧した。

「やめなさい！　指一本でも手出ししてごらん！　許さないよ！」と母が立ちはだかり私ににじり寄った。

……え……いったい誰と誰のケンカなのですか……迷子になった。

「やめろぉぉぉ――――ぉぉぉおおうあぉぉぉ」と、姉が床にうずくまり吠えた。獣のような、地の底から震えるような、人間が発した声には聞こえなかった。悲しかった。母は手を腫らし、姉に怪我はなかった。

私は何しに実家に戻ったのだろう。

自室に戻り壁を背にズルズルと座り込み、うなだれた。

全部はやらない。全部はできないどころか、割って入ったらこの始末。心が言う。「だから実家に戻った時に最初に言ったろう？　どうにもならないって」それどころか今回は却って事態を悪くした。

もうお手上げか……もう嫌だ……。

簡単に上げた音を告げに、いや告げたところで私はどうしたい……決まらぬまま階下に降りると、姉と母が花火セットと蚊取り線香をぶら下げて玄関で靴を履いている。

目を疑う。……え……どのテンションで？

戸惑った顔をしていると、母が「花火大会やるよ」と。姉が「おもいでつくるから、ついてきて」と。機嫌がいいのか悪いのか。母は忘れたのか、覚えているのか、わからない。

庭に出ると、すっかり日も暮れていた。

黙々と準備し三人の花火大会が始まった。

母の持つ花火はパチパチとオレンジ色の華のように、姉のはシューッと青白い閃光を放ち流れ星のような表情を見せ、それを見つめる二つの顔は、仏頂面だ。

私のはグラデーション花火。サア〜ッと小さなナイアガラの滝を降らせる。闇の中から浮き上がる二つの仏頂面が、小学生が彫る木版画のように見え、黒く不気味だ。

誰ひとり喋らない。

黙々とロウソクから火をとり各自の花火を見つめる。

手持ち花火の三分の二を消化した頃、

姉が私に口を開いた。「すみちゃん、おもいでだねえ」と……トラウマだろう？

母が線香花火に手をのばす。十本ほどの束のまま火をつけた。

花火が下から、ただただ燃え出した。チリチリという細やかな火花も、火の玉もない。焚き火だ。「あち、あち、あちあち！」と母が慌てて、束を水を張ったバケツにつける。ジュボッと線香花火の短く儚い人生が、ひとつも咲かずに終わり無念の声が沈んだ。三人で濁ったバケツを見つめる。

母が真っすぐな目を私に向けて言う。「ねえ、これの何が楽しいんだい？」と。こっちが聞きたい。

後ろから声がした。

「おお、家族で花火なんて何十年ぶりだ。盛り上がってるねえ」と。父だ。潰した缶ビールを片手にほろ酔い加減で帰って来た。そもそもいつ出かけたのかも誰も知らない。

おい、酔っ払い。早く気づけ。この輪に入った途端、流れ弾に当たって死ぬぞ。

姉が「パパあ、あのね、すみちゃんに、やられたの、ぎゃくたい」と父に訴える。

即、私が死んだ。

「そうか、そうか、パパにも花火一つ頂戴」と。

花火音と耳が遠いのとで殆ど聞こえていない。

そして「おー、ピンクに水色、緑、最近の花火はこんなに色が変わるのかあ、ほーら、すごいなあ」とはしゃいでみせる。初めて酔っ払いに感謝する。

母が「すみちゃんひどいねえ。ママがいなくなったら施設に送る気だよ。一生風呂に入らなくても、パパクソが何にもしてくれなくても、家がいいねえ、知らない人のとこに行きたくないねえ、内弁慶だから、何にも思ったことが言えないまま死んでしまうねえ。いやだよねえ」と私の顔を見ずに言う。姉がその通りと言わんばかりに深く頷き、目にいっぱい溜めた涙を母の指先で拭ってもらう。花火の灯りに照らされた手の甲はぷっくりと腫れている。

火花の散りゆく先を一心に見つめながら母が言う。

「心配しなくても、ママが死ぬ時はお姉ちゃんも連れていくさ」

最後の一本ずつになった花火をそれぞれが持ち、母、姉、父が円陣を組むように光を真ん中に寄せた。

てんでんばらばらなくせに、好き勝手言って、ひとつも噛み合っていないのに。なんで寄せる？

……それでも三人の輪に……私も、自分の持つ花火を少しだけ忍ばせた。

全部は入らない。全部は入れない私の先を、

姉が自分の花火の先で、ツンツンと突いた。

違うんだ。全部違うんだ。

お姉ちゃん、ごめんね。

たったこれっぽっちが、言えなかった。

私はそんな自分にお手上げなんだ。

15
干支

とある日の夜。

母が「ね、うし、とら、う、たつ、み……ねえ、あんたサソリ座でしょ？　どこにも出て来ないんだよ、どこから間違えてるんだろう？」

最初からだよ。マジか……。

「ママ言ってるの干支じゃん。サソリは星座でしょ」

「そうでしょ。だから、なんで、そこにサソリがないのかがわからないって言ってるんだよ」

私の言葉が素通りしている。

布団に入っても、ねうしとらうたつみを呪文のように唱えては、サソリがいないと繰り返す。母も私もなかなか眠れない。

その次の日の夜。

「土曜日の次は日曜日！　日曜はあるの！　世界は終わらない！」と母。

「ない！　日曜はないの。明日はない。全部なくなっちゃうの」と姉。

「ある！　何回言ったらわかるんだ！」

こちらのセリフだ。たまらず姉の部屋へ顔を出す。

母が「あ、すみ〜、もう参ってるんだよ。今月のカレンダーが三十一日土曜で終わってるんだよ。でも一枚めくったら、ほらお姉ちゃんも、もう一度ちゃんと見て！　八月一日日曜から始まってるでしょ！」

「ない。七がつでおわり。つぎはないの」姉が譲らない。

「もー！　二人とも！　昨日から！　サソリ座がなくて、日曜日がなくて来月が来なかったら何が困るの？」と割って入った。

……えっ？

「すみちゃんがたんじょうしないの」

母が「全部覚えてるはずの干支にサソリがないから。ママ、あんたの誕生日いつ忘れるかわからないから。そしたらお姉ちゃんが覚えてるって。でもカレンダー見て、今月で終わるからすみの誕生日来ないって。もう～しょうがないね～。今は覚えているよ、先言っとこうか」

姉が音頭をとる。「せーの、はい、いっせいの」といつスタートかわからない掛け声に、母がやすやすと呼吸をあわせ「おめでとう～」

十一月ね。全然忘れていいよ。大丈夫だよ。二人とも「ありがとう」

16 ワクチンで発熱

二〇二一年八月某日未明。

ドォーン！　バリバリガラガッシャーン！　どこか近くに落ちたのだろうか。雨音はしない。

「助けて〜」と隣の部屋から、間の抜けた母の声がする。

どちらかと言えばこちらのセリフだ。

私はコロナ予防接種二回目を終え、三十八〜三十九度の副反応の熱で自室のベッドに臥《ふ》せっていた。

解熱剤、家族分の作り置き、自分用のひと口サイズにカットしたスイカ等々、予想できるものは準備した。

シュッ、シュッと聞き慣れたスリッパ音がこちらに向かってくる。常に予想を上回る者の登場だ。

「ねえ、助けてよ……ウチ……燃えてない？　庭の木に雷が落ちたと思うの。それで火事になってるんじゃないかと思って。木から一番近い部屋はお姉ちゃんとこなの。部屋が異常なくらい暑くて蒸し風呂状態なの」と声が怯《おび》えている。

「……雨戸開けて、外確認したら？」

「嫌よ。燃えてたら怖いじゃない。悪いんだけど見てきてくれない？　一刻を争うと思うの」

認知症と関係なく、母は昔から私を危険の最前線に送る。母といっても百人百様だ。

……気だるい体を起こし廊下に出た途端、ムアッと熱帯雨林のような空気に襲われる。隣の寝室に入り母のベッドに載ったリモコンを取り、暗がりで画面を見る。『二十八度、暖房』……母よ。なぜいじる。

姉は雷の音に耳を塞ぎ布団やバスタオル数枚を頭から被り、父は酒臭いいびきをかいて大の字で寝ている。

修行僧と世捨て人、どこか遠くの国の絵空事のように見える。室温か体温か、目の前がかげろうのように揺らぎぼうっとしてしまう。

ピッと冷房に切り替え強風にし、姉に扇風機をあて、雨戸を少し開け外を覗く。空がさびれたネオン街のような光り方をしている。ポツポツと大粒の雨が窓に当たり始める。これから本降りか。

戸締まりをしカーテンを閉め「燃えてないよ、火事より脱水で死ぬよ」と言ったら、母が階下へ降り冷蔵庫から「だと思ってすみちゃんの、もしもの時用の水とスイカ持ってきたよ〜」と、それらをお盆に載せ上がって来た。

そのもしも用ではなかったが、姉のベッドを囲み薄暗い小さな灯りのまま、三人で食べる。

「キャンプみたい」と姉が笑う。

どこがだ。すぐ横のベッドでは耳の遠い爺さんが死んだように転がっている。

……あれ？　先程まではいびきをかいていた。「……ねえ……パパ……死んでない？　まさかだよね。でもアルコール入ってるほうが脱水するよね、起こそうか、起きるよね？」と慌てる私を母が制す。

「いい、いい。放っておきなさい。好きな酒で死んだら本望さ。さ、もう朝になるよ。お姉ちゃん雷大丈夫だから寝よう、あ！　そう言えばあんた熱あるんじゃなかった？　あーもう悪いことしたね、寝て、寝て」と。忘れることが多いなか思い出すこともあるのか。少し嬉しい。女三人各々の寝床に入る。

一件落着……と脳が言う。違うだろう。誰か死にかけを残してはこなかったか？　脳が働かない、それをいいことに体は全く起きる気がない。

「……ガッ……グッ、フゴォォォ、フンゴォォォ〜」と、ドアの向こうからくぐもったいびきが聞こえてきた。父だ、生きていた。「ね！」と母の声がする。「ね」と姉がマネをする。何が何の、ね、だ……父の命っていったい何だろう。

ザアァ――ッとより勢いを増し押し寄せてくるような雨音が我が家を包み、全てをごまかし流していく。

ズキン、ズキンと大きく跳ねるような頭痛で目を覚ます。

昼を過ぎていた。

熱は下がっていない。でも少しだがお腹は空いている、何か栄養のあるものを口に入れておこう。起き上がると足元がふらつく。なかなかだな。手すりにすがりながら階段を降り始めると、下から手すりにすがりながら上がろうとして、上がってこられない母の頭頂部が見える。何をしているんだろう。

左手に……白だしの一升瓶を杖にヨタついている。酒乱に見える。

母が私を見上げ言う。「ぎっくり腰になっちゃった」……想定外。

さらに「いや、何したってこともないんだよ。ちょっと瓶持ち上げた拍子にねイタタ。何年かに一度やるよねえイタタタ。大丈夫、全部自分でできるから、二階の押し入れからコルセット持って来て、背中に湿布貼ってくれる？」と、さっそく他力。

その通りやったのか、どこまでどうしたのか、今は……はて、私は台所で何をしようとしていたのか。やはり、まともなつもりでまともじゃない。母はどこへ行った？居間にいた。やけに姿勢のいい母がいつもの座椅子に座り、置き物のように固まったまま口元で手首だけを動かし、器用にお茶をすすっている。「ありがとさん」と。どうやら私は手伝えたようだ。

「ねえ、すみ、立ってるついでに、悪いんだけどスーパーで五キロの米買ってきてくれない？　ママとしたことがお米切らしちゃってて、今晩食べるご飯もないんだよ」

「米あるよ。買ってある。おかずもタッパーに小分けしてあるから。あと私、熱あるから寝るよ」

「ええ！　そうだっけ？　あらあ悪かったねえ。そうだ、そうだった！　注射したんだったね。頭痛いだろうに、ママも腰痛くてねえ、まいったねえ、あ！　忘れないうちに！　悪いんだけど米がないんだよ。買ってきてくれない？」

秒で忘れた。

最近この小刻みな巻き戻しが増えてきたような気がする。

いつもは流せるはずの小さなショックが、今日は刺さってしまう。

「ん、んんコホン」と咳払いが聞こえた。振り返るといつの間にやら姉がいる。顔に嬉しそうな皺を何本も広げてみせ、「わたしがきたよ」と。母の横は自分の席だとばかりにどっかりと腰をおろす。脇に抱え持参した……絵本をゆっくりと開く。「むかしむかしの　はなし。かにとさるがいます。……かにさん、そのおにぎりと　かきのたねをこうかんしないかい？」読み聞かせが始まった。強制的にチャンネルを変えられたような気になる。世界一のマイペースがいる。

重ねて母が入ってくる。

「おにぎり欲しいね〜、その米がウチにはないの、パパクソに頼もうにも昼間から飲みに出たっきりでいないんだよ。すみ、悪いんだけど五キロの米をお願い」

姉が「♪はーやく　めをだせ　かきのたね。でないと　はさみで　ちょっきんだあ！」

母が「ちょっきんだあ、ね〜、はーやく米、行ってくれるかなあ」

姉が「やねのうえから　うすどんが　ふってきます！　どっしーん！　アイタタタ！　アイタタタ！」

母が「ママが買いに行こうにも、腰ちょっと動かしただけでイタタタ、イタタタタ」

頭でイタタが勝手な大合唱となり、渦を巻き耳を塞ぎたくなる。

「うるさい！　しんどいんだよ！　今日は無理なんだよ！」と、自分の出した音量で頭がイタタタとのけ反りそうになる。くそっ。

……ちょっきん……と空気を両断してしまった音が聞こえた。

姉がはたと私を見る。

母が「うるさくない！　聞かせてるの！　お姉ちゃんなりに心配してるんだよ！

お姉ちゃん、ごめんね、ママ買い物行けないんだよ。ウチらは米に味噌塗って食べていけるのに。それすらも叶わない。なんも贅沢してないよねえ。米くらい買って来てくれてもいいだろうにねえ」

姉に向いた敵愾心《てきがいしん》から離れられない。

「じゃあ、読み聞かせは、ママのベッドでママだけに聞かせなよ！　耳障りなんだよ！」涙目の姉に突っかかった。

「あんたにだろうが！　あんたを心配してるんだよ！　子供が寝るとき読み聞かせするだろう？　あんたが眠れるように考えたんだろうが！　バカタレが！」

……私？

「……うるさい‼　だまれ！　うるせえ‼　米あるのに米買ってきたらいいんだろ！」

居たたまれず部屋を飛び出し乱暴に玄関のドアを開けたら、……雨だ。

土砂降りではないが、今朝未明から粘着質に降り続いていたようだ。下駄箱にしまってある雨がっぱ上下をズルズルと引っ張り出し、Tシャツとハーフパンツの上に着る。汗が首からみぞおちを伝い滝のように直線で流れ落ちるので、ノーブラだなどとうでもいいことを思い、高熱で五キロの米袋を抱えた自分を想像し、今日をもって死ぬかもしれないと覚悟を決めた。

庭に回り自転車を出そうとしたら、居間から上半身だけ背筋の伸びた、腰を後ろに残したような母が窓を開け待っていた。「ママの電動自転車で行けぇ！　楽だからぁ！」と、ケンタウロスのような威厳を見せた。

畑のあぜ道をフウフウ言いながら漕ぎスイッチを入れる。バッテリーが切れている。殺される。

スーパーに到着し自転車のまま入って行こうとしている自分が、自動ドアに映りドン引く。ちゃんとしろ。ちゃんとしていない自覚を持てと自分を戒め鼓舞する。

米を買い、濡れた自転車の前かごに乗せ、小雨が降りしきる中、頭のフードを深めに被りもと来た道を戻る。

畑の脇に、行きには気づかなかった、ずぶ濡れのひまわりが並んでいた。虚ろな日焼けした金髪のギャル集団に見える。景色の全てがネガティブだ。

顔をブルンと横へ振る。頭と前かごの重みをもとに戻せず、バランスを失い、畑に落ちた。

もっちゃりとした土が体を受けとめた。横倒しになった自転車を掛け布団に、米袋を枕にこのまま寝てしまいたいと思った……もうすぐ家だろう。起きろ、くそっと立ち上がる。ぬかるんだ土に足をとられ、段差数センチの細い舗装道に自転車を持ち上げられない。もぉ熱いよ、しんどいよ、ぐちゃぐちゃだよ、うるさい、うるさい、黙れ！　汗と涙と雨の区別がつかない。

だだっ広い土に人がもがいた形の型抜きの跡がある。泥水が沁み込んでいく。それを背に、中年の泥人形が無で自転車を漕いでいる。私のことなのかどうなのかもわからなくなってきていた頃、雨粒の向こうに我が家が見えてきた。

玄関外に誰かいる……父か。ドアノブを摑みながら何か言っている。「おーい！　鍵忘れてった、開けてくれ！　米買ってきたぞー！　これどこ置くんだ？　おーい！」

……もうひとり、おつかいに出されていたようだ。

その後どうしたか。

誰と何を話したか……おぼろげに……自力で、

やけくそで風呂でシャワーを浴びて、這うように自室に上がり死んだように寝た……ような記憶だが定かではない。

お腹が空いて目が覚めた。

食欲はあるんだなあと半ば呆れる。二十二時を過ぎていた。

静まり返った中、ペタリペタリと階段を降りる……いい匂いがした。電気がついている。

台所のへりにつかまりながら、コルセットを巻いたぽっちゃりケンタウロスが立っていた。「あれ、起きてきたか、肉じゃが作ったよ」と。ガス台の横でぎっくり腰のきっかけとなった白だしの瓶が誇らしげだ。

「……作れるの？」と思わず聞いた。

「あったりまえさあ、何十年主婦やってると思ってるの。味見する？　どれでも好きなのとったらいい」と菜箸を私に渡す。

鍋を覗きこむ。フワッと立ち込めた湯気が顔を撫でた。懐かしかった。ゴロッと大きめなじゃがいもやにんじん、分量多めのさやえんどう、見たことあるよ。知っているよ、この景色。肉が入っていなかった。なんでもよかった。一年前なんでもいいから母の手料理が食べたくて実家に帰ったのが始まりだった。今年の正月に食べた煮物が最後だろうと思っていた。また会えた。ちょっと濃いめの味。止まらなかった。嬉しかった。「おいしいね、味染みてるね」

「これがおふくろの味。立ち食いは行儀が悪いよ。お皿に移して机で食べなさい。食欲なくても肉食べなさい。ひと口でも肉食べたらあれえ肉ない⁉　ええ！　ママとしたことが！　肉忘れた！　あらぁぁ、ご飯はあるよ！　ウチには何はなくても米だけはあるんだよ」

知っている。

家族のこと最優先で準備して、忘れて、準備して、忘れて、忘れて闘ってるの知っているよ。

ご飯に肉のない肉じゃがを盛って、煮汁をたっぷりかけてどんぶりにし、たらふく食べた。

食べっぷりに「ねえ、あんたどの辺が病人？」と話しかけてくる母に、「うん。うん」とだけ相槌を打った。喋ったら泣いてしまいそうだった。

部屋に戻ると、

ベッドの枕元に姉の絵とメモがあった。

うすど、さる
西岡すみこさまへ
わたしが、きました。
おねえちゃんより。

ありがとう。そして、ごめんねがまた言えなかった。

17 青い花

母が毎朝やっていることがある。

玄関の床に定着した花瓶。母はどうにもならなそうな花や葉だけを取り除き、両手でほんの少し掲げるようにして「ごくろうさんでした」「ご愁傷様です」と言って捨てる。私はそんな母が好きだ。

「昔からやってた？」と聞いてみる。

「えー？　やだ、見てたの？　習慣なの？」そんな習慣なんてほどのもんじゃない。そんな重くないよー。ただの儀式」

……急に重たい。

「命張って、頑張って癒やしてくれてるんだからね。それくらい言ってやらないと」と。でも水は決して取り替えない。認知症とは、ちぐはぐなものだ。

「ついでに水も取り替えて。生き返るかもよ」と言ってみる。

「ほれ、この青い花、見てごらん。これ塗料かなんかだろう？　水が青く濁るんだもん。ホントはこんな色じゃないだろうに。可哀想にねえ」と。水が汚いことは届いたようだ。

「でも綺麗だし、目を引くから買うじゃん。可哀想に思うなら水替えてあげなよ」と重ねて言う。

「だから、そうやって狂っていくんだよ。自分の意志で青なのか？　違うだろう？　ホントはどう生きたかったなんて誰も聞いてくれない。必死で輝こう、輝こうとして、そのうち自分がどうしたかったのかも忘れちまう。ほれ、この端のなんて、いつの間にかこんな萎びた高菜漬けみたいな色になっちまって、最後まで自分の色じゃないねえ。すみ、あんたは大丈夫かい？」とズルズルになった花を一本抜いて、両手でゆりかごを作るようにして、そっと横たわらせる。

……え……私？　……人生のこと言ってるの？　……そんな心配をしてくれるの？

「これが私なら、なおさら水取り替え」

「ご愁傷様です」と食い気味で、捨てた。おい。いい話じゃないのか。

18 ソワソワ

二〇二一年九月二十日。

朝五時に起きるのが習慣になった。重たい瞼を擦りながら一階へ降りる。

真新しい薄紫のブラ付きキャミソール、着古した肌色ショーツ、ぎっくり腰用のコルセットをお腹に緩く巻いた婆さんが、麦わら帽子を持って下駄箱の前でフリーズしている。

玄関の小さなすりガラスから入る朝日を受け、後光がさしたようだ。

……一発屋のイロモノの神様ってこんな感じだろうか。頭が今日も始まる現実をまだ見ようとしていない。

神様が言う。「散歩に行こうと思って」

ん？　シャッキリ目が覚める。「その恰好で？」

「だからあ、運動不足だし、腰が固まったままは良くないだろう？　でも暑いし、この上から服着て歩くかと思ったら行く気しなくてね。でもあんたがせっかく買ってくれた下着だしね。そこでね、家の中ではブラジャーして、外はなしでいいかねえ」

「逆だよ」

「え？　逆じゃないよ。家はクーラーあるから、外は汗だくになるでしょう。クールビズ？　国会だってネクタイしない人いるだろう。一緒さ」

「……軽装と軽率は、全然違うよ」

「ママ、あんたが何言ってるのか全然わからない」と澄みきった目を私に向けてくる。

結局下着の上からTシャツに長パンツ、麦わら帽子を被り、すでに汗で溶けそうな顔を向け「この姿覚えておいて。畑の道で死んでたら、事件じゃない、暑さよ。大騒ぎしないでね。じゃあいってきます」

待て。待て。命がけで散歩に行くな。ブラありの母をブラなしの私が追いかける。ついでに並んでのんびり歩く。木陰を選ぶと、生い茂った木々の間から、カナカナカナとヒグラシの合唱が降ってくる。そんな事どうでもいいとばかりに私達を笑っているかのようだ。

朝九時。

姉と父の「いってきます」を私と母とで見送る。初めてのパターン。

父に何かひとつでも家のことをできるようになってもらおうと、手始めに姉の定期健診の付き添いをお願いしてみた。父の背中のすぐ後ろをトコトコついて行く姉の背中を見ていると、見慣れたババアの背中がスタートしている。

待て。待て。「え？　どこ行くの？」

母が口に人差し指をあてながら「シー！　尾行に決まってるだろう。ちゃんとしてるパパクソなんて見たことあるか？　自分の面倒も見れないのが、お姉ちゃんを見れるわけがないだろ」

それは私も心配だ。

さらに「わかってる。尾行してるママが脱水にならないか心配なんでしょ、そしたらその後ろをあんたが尾行したらいい」

それは家族が縦列で歩いているだけではないか。

家で留守番しようと言う私を制し「ほれ！　ちゃんとお姉ちゃんと手をつないで！離すな！　迷子になるから！　手！」と自分の手をブンブン振り回しジェスチャーを

交え、振り返る父に叫ぶ。尾行？　奇行に見える。

伝わらない父の手をしっかり、姉がとった。……頼むよ、お姉ちゃん。いってらっしゃい。


居間で、つけっぱなしのテレビに国会中継が流れている。左端の表示は十一時十五分、母の目線はこの小さな数字にある。

「帰ってくるよ」と言ったら、母がブチ切れた。

「なんで言い切れる⁉　この間お姉ちゃんが行方不明になったばっかりだろう⁉　ママ血眼になって捜したんだよ、警察も学校の先生も近所の人もみんな捜してくれて、でもどこにもいなかったんだよ。ママ役所に電話して、そしたら地域全域に放送かけてくれて、それでも何にも情報なくて、夜の九時に捜索が打ち切られたんだよ。明日また捜しましょうって。大雪の日だよ！　もう死んでるかもしれないのに、明日なんてあるもんか。ママが捜しに行こうとしたら落ち着いてください！　そもそも普通の子じゃないんだから！　お母さんが目を光らせてないから、こういうことになるんですよって！　言う？　普通そんなこと言う？　ママがこの件で一番何が言いたいかわかるか⁉　そいつとパパクソは！……同じ臭いがするんだよ！」

……出だしと結末が違うだろう。

姉の迷子話で、喋る母も聞いている私も迷子になった。

「……悪口が言いたかったの？　パパの？」

「違う！　誰のワルグチでもない！　ワルは取る！　ただのグチ！」とプイッとそっぽを向き、顔がそら豆のように凹んだ。

悪を取った口……愚痴……か。トンチとトンチンカンが紙一重のような返し……そんなことより、ママ泣かないで。


あの時も母は泣いていた。

もう何十年も前だ。少し昔話にもお付き合いいただきたい。

姉は小学三年生だった。下校時に、友達の家に絵だか作文だかを見せに行こうとして迷子になったと聞いている。たくさんの方々の優しさに助けていただいた中で、確かにひとつ、少しの「余計」が紛れ込んでいた。

くぅぅぅっと絞り出すような、蚊の鳴くような高い、それが玄関に取り残された母から出た声だとわかるまでに少しの遅れが生じた。

「捜してくる！」と八歳の私は言った。

首根っこを摑まれタックルのように床にねじ伏せられた。「ばか！　迷子が二人になるだろうが！　ばか！　どこにも行くんじゃない！　ばか！　あんたまで……ママはばかに産んでしまったか？　……普通の子って何？　普通じゃなかったら何？　死んでいいんか？　すみはふつう？　ママはふつう？　ふつうってなに？　ねえなに?!!」

首を押さえつけている手はとっくに緩んでいた。もう片方の手で私の背中を何度も何度もさすっていた。ボタリと、落ちる大粒の涙をかき消すように擦っては、またボタリを手のひらで伸ばす。私の服に涙でアイロンをかけているようだった。

死がよくわかっていない私はこう思った。

お姉ちゃん生きてるでしょう？　ただいまって言って。ママが壊れちゃうよ。お願い、お姉ちゃん。助けて。ママふつうじゃないよ。

姉は帰ってきた。

その日の夜中。親切な女性に見つけてもらったそうだ。姉のランドセルや所持品のいたるところに名前、連絡先が書いてあり、それを辿ってくださった。雪や失禁で汚れた服まで着替えさせてもらい、しもやけの手に毛糸の手袋を被せてくださっていたそうだ。ここら辺の記憶は私にはない。寝てしまっていたのだろうか。

次の日の朝。母、姉、いつの間にやら仕事から戻った父と食卓を囲み、ふつうを取り戻していた。ふつうと違うのは父が酒臭くなかったこと。

ふと目の前の皺皺のそら豆が、瞼の被る三角目を濡らし私を見つめている。「恩人だよ。お姉ちゃんが生きてるのはその人のおかげだよ。一生忘れない。改めてお礼に行かなきゃいけないねえ」と。

「行こうよ。どこ?」

「だから!　ばか!　一生忘れちゃいけない人を忘れちゃったんだよ!」

……なるほど。認知症だった。

十二時過ぎ。「ただいま〜」ようやく二人が帰ってきた。

「ぶじつれてかえってきたよ〜」と誇らしげに姉が言う。

「お姉ちゃんの手って、こんなに小さかったんだなあ、知らなかったよ」と父が言ったら、母がブチ切れた。

「知らなかった？　何十年、父親やってんだ！　初めて知ったのか。ちっちゃい時に楽なすみの手だけ握って父親面して、ようやくお姉ちゃんと手つないで、今更か！」

そして、その数分後、「お姉ちゃん真ん中にして、飲み屋のババアとパパクソ三人で手つないで帰ってきやがって！　黙って見てりゃ、その女、家に上がり込んでビール飲んで、人んちで肌着とパンツ一枚で腰にコルセットまで巻いて⁉　笑っちまうよ！どこのあばずれ連れ込んだんだ！」

……そのいでたちは今朝の母ではないか。

父が切れる。「うるさい！　おまえのボケに僕を巻き込まないでくれ！　おまえが家を暗くするんだ！　全部おまえのせいじゃないか！　出てけ！　僕は普通に暮らしたいだけなんだ！　認知症が！　この疫病神が！」

喚《わめ》き返す母をなんとか二階へ引き離した後、一階へ駆け戻り私がブチ切れる。「何で徘徊するかもしれない人に出てけって言うの？　病気の人を傷つけて楽しい？　言わないでって言ってるよね！　パパって余計の塊だよね！」と父を傷つけようとする。

「一度も言ってない！　言うわけがない！」とまっすぐな目で言う。

……こちらが戸惑う。どういう気持ちなんだ。普通ってなんだ。……父はふつうか？　私は？

この荒れたブチ切れセールのような日。私は別のことでソワソワしていた。『ポンコツ一家』の連載の初回がｗｅｂで公開された日だった。私にとっては大ごとだ。

家族に内緒で家族を売った。

母姉父には一生内緒と決めていた。いや、いつか或いは追々落ち着いて話すことができたらなあとも思うか……どちらにしても今日ではない。

二十一時過ぎ、バレた。

母が、ブチ切れた。私の部屋に怒鳴り込んで来た。

「全国民がウチの家族をバカ野郎、クソ野郎、アホ野郎って悪口言ってるって！　本当なの⁉」と。

……全国民。毎日、国会中継をＢＧＭに垂れ流しているせいだろうか……。

元ＳＭとしては、流石にブタ野郎は出ないんだなと思ったり。

いやいやそうではない。混乱させてごめん。

「言ってないよ。みんな優しいよ」と返した。

「ウソつけ！　家族が全国民の餌食にされるのか！　お姉ちゃんを！　どうやって守るんだ！　パパクソがパソコンで見つけたって！　パパクソがもうウチは終わりだって言ってる！」また母の顔が歪み出す。

……もう一ミリだって泣いて欲しくないんだよ。一発屋にそんな影響力はない、生活費を稼ぎたいんだ、この先介護するにもパソコンひとつで家で仕事ができたらいいだろう、私も好きなことがしたい、書くことが好きなんだ、読んでくれる人みんなに笑って欲しいんだ、矛盾と不安だらけだけど家族は私が守る、どれだ？　どれだったら母の心にまっすぐ届く？

私は大きく息を吸い込み、放った。

「パパクソが正解だったこと！　今までに一回でもある⁉」

「……ない‼」

納得して降りて行った。パパクソの効力は絶大だ。

後日。忘れたり思い出したりを繰り返す母が、黙ってメモ紙を差し出してきた。『母八十歳二型糖尿病、姉四十八歳歳をとったダウン症、父アル中、すみ無職』と書いてある。

「……何これ？」

「だからあ、書くならきっちり事実を書きなさい。ほんで、あんたの文章を好きになってもらいなさい」

父はアルコール依存症ではない。そして、自分だけ一番肝心なところが抜けている。早速、詐称。

父にはメールで謝った。「ごめんなさい」と。

返信が来た。「怒ってないよ。お姉ちゃんとママのことは愛を持って書いてね。パパのことは何と書いてもいいから。みんなから愛されるものを書きなさい」

四十六歳のそこそこ曲がった私は思う。……急におかしい……奴は、これを連載に書かれると意識している……詐称メール。いや、元凶は私だ。なんであれ感謝だ。

姉が何か持ってきた。「さんこうにしていいよ」と。古びた半紙か？　太筆でコロンとした字。

母が「ああ、それね。迷子になった時にみんなに見せたかった作文ね。お姉ちゃんは文才あるもんねえ。すみちゃんはないねえ」と。姉が得意げな顔をブンブンと縦に振る。

ハート　こころ　やさしいきもちは、きれいなもと。

雪の日にしもやけつくってまで、みんなに見せたかったのはこれか。

「……ピュアはゼロだよ。私が書いてるのは全部、家族の愚痴だよ」

「ワルが入ってなきゃいいよ。そんな単純じゃないだろ。そんなきれいごとじゃないでしょ。それがウチで、それを書いてるんでしょう。あんたはあんたらしく胸を張りなさい。堂々と気持ちを伝えなさい。ウチらはどこにでもある普通の『ボンクラ一家』ですって」

ありがとう……若干、ミスって何言ってるのかわからない。

ポンコツ一家です。

あとがき

最初から最後まで長い長い愚痴にお付き合い頂きました。

書籍化にまで辿り着き、図々しい限りです。

嬉しさの余り、母にチラッと漏らしたら、

「え？　そんなもん誰が買うの？」と。流石、身内。心臓をえぐります。

「ｗｅｂ連載には載せていなかった未公開エピソードもいくつか入れたんだよ」と言ったら、

「全然意味はわからないけど、愚痴のてんこ盛りってこと？　それでお金もらうの？　詐欺にはならないの？　今からでも間に合うよ。引き返しなさい」と。どこから……と思います。


引き返すどころか、連載の『ポンコツ一家』は続きます。私は貪欲です。

そのくせ、ウチの家族は現在進行形なので終わり方がわかりません。いけるところまでと過ごしているうちに、今日の今日です。はい……そうなんです……どポンコツです。

「お礼回りしたら？　言葉だけでも。何を忘れても感謝だけは忘れたらダメだよ」と母が言います。

さらに「誰？　ありがとうって伝える人。ほれ、書き出して」とメモとペンを私に渡してきます。

……誰って……チームでしょと一緒に戦ってくださる編集長さん、私の書く愚痴と喋る愚痴、両方聞くハメになりながら、気持ちを支えてくださる輩《やから》のようなマネージャーさん、私の連載に一喜一憂してくれる友人、諸先輩方、ウチの家族を支えてくださる方々、そして読者の皆様……。

「みんなだよ。キリがないよ。だって会ったことない人、連絡先知らない人も支えてくれてるもん」

「バカ！　みんなとか皆様とか言って、ありがとうって、もっともらしくまとめるやつが一番うさんくさいんだよ！　いやらしい！　いつから天狗になった！　だいたいバカが何の本出すんだ。誰の役にたつ？　誰が喜ぶんだ全く！」

……家族の本だよ。母よ。どちらかというと主役だよ。

この本は、

母の言う通り誰の何の役にも立ちません。そういうのは私には無理です。ただただ、たくさんの方々に読んで笑って欲しい。疲れた気持ちがほぐれないかな、ホッとしてくれないかな。誰も傷つかないで……と思って書きました。

あ、矛盾があります。

母には渡せません。読んだら傷つく気がします。「本出るよ」と浮かれているとはいえ何で言ってしまったかなあと。

母は私が無職だと思っている時があるので、仕事してるよ、安心して、大丈夫だよを伝えたかったのか。いや……もし『ポンコツ一家』が人気が出たら「これ私が書いたんだよ」と自慢し、私幸せだよ。ママも幸せ？　頭かち割らないで済みそう？　……と喜ぶ顔を想像し、都合の良い夢を先走って見てしまったからか。我ながらバカだなあ。

きれいごとではないので、上手くいかないことだらけですが、うさんくさいですが、本心で思うのです。

みんな笑って、皆様が幸せでありますように。

最後まで読んでくださり本当にありがとうございました。

二〇二二年十月

にしおかすみこ

にしおかすみこ

1974年生まれ。千葉県出身。
2007年日本テレビ「エンタの神様」で女王様キャラのSMネタでブレイク。
春風亭小朝師匠の指導のもと落語に挑戦。高座名は「春風こえむ」。
著書には自叙伝エッセイ『化けの皮』がある。
現在ではテレビ東京「なないろ日和!」など、リポーターとしても活躍中。
趣味のマラソンでは、2019年にフルマラソンで3時間05分03秒、
2015年能登半島すずウルトラマラソン102km女子の部にて第2位。
最近はベジタブルカービングにハマりクオリティーの高さで話題になる。

本書はFRaU web　2021年9月~2022年9月公開記事（毎月20日更新）を
加筆修正の上、書き下ろし5本の原稿を加えたものです。

ポンコツ一家《いっか》

2023年1月18日　第1刷発行
2024年12月3日　第13刷発行

著　者　にしおかすみこ
発行者　清田則子
発行所　株式会社講談社
〒112-8001　東京都文京区音羽2-12-21
電　話　編集　03-5395-3452
販売　03-5395-5817
業務　03-5395-3615

印刷所　株式会社新藤慶昌堂
製本所　大口製本印刷株式会社

ISBN978-4-06-530510-2

KODANSHA